Silke Mayer

North Carolina - Raleigh

Faszinierende Unterschiede erleben

perspektivenverlag

Bibliographische Informationen der Deutschen Bibliothek
Die Deutsche Bibliothek verzeichnet diese Publikation in der
Deutschen Nationalbibliographie; detaillierte bibliographische Daten
sind im Internet unter http://dnb.ddb.de abrufbar.

Silke Mayer hat Geographie und Wirtschaftswissenschaften studiert
und in Wirtschaftsgeographie promoviert. Nach ihrem Examen ging
sie für eineinhalb Jahre in die USA – zum Leben und Arbeiten.
Neben feinsinnigem Humor, einer guten Beobachtungsgabe und
ausgeprägter interkultureller Kompetenz ist in dem vorliegenden
Buch auch immer wieder Ihr geographischer Hintergrund zu spüren.

Ein liebens- und lesenswertes Buch über North Carolina und Raleigh
aber auch über Amerika und seine Bewohner.

Copyright **perspektivenverlag** Kösching 2009
www.perspektivenverlag.de
e-mail: info@perspektivenverlag.de
1. Auflage 2009
Druck: inprint GmbH, Erlangen
Printed in Germany
ISBN-13: 978-3-9811272-5-6

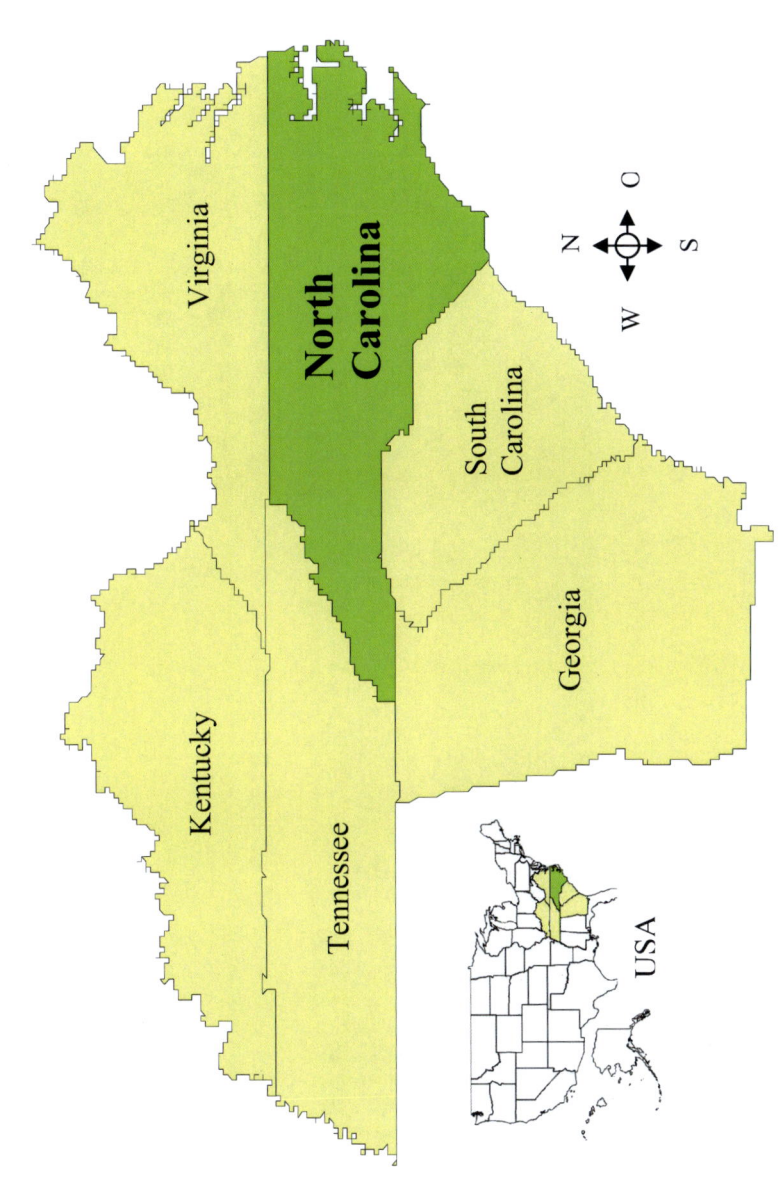

North Carolina mit Raleigh

Stadt Raleigh und Umgebung

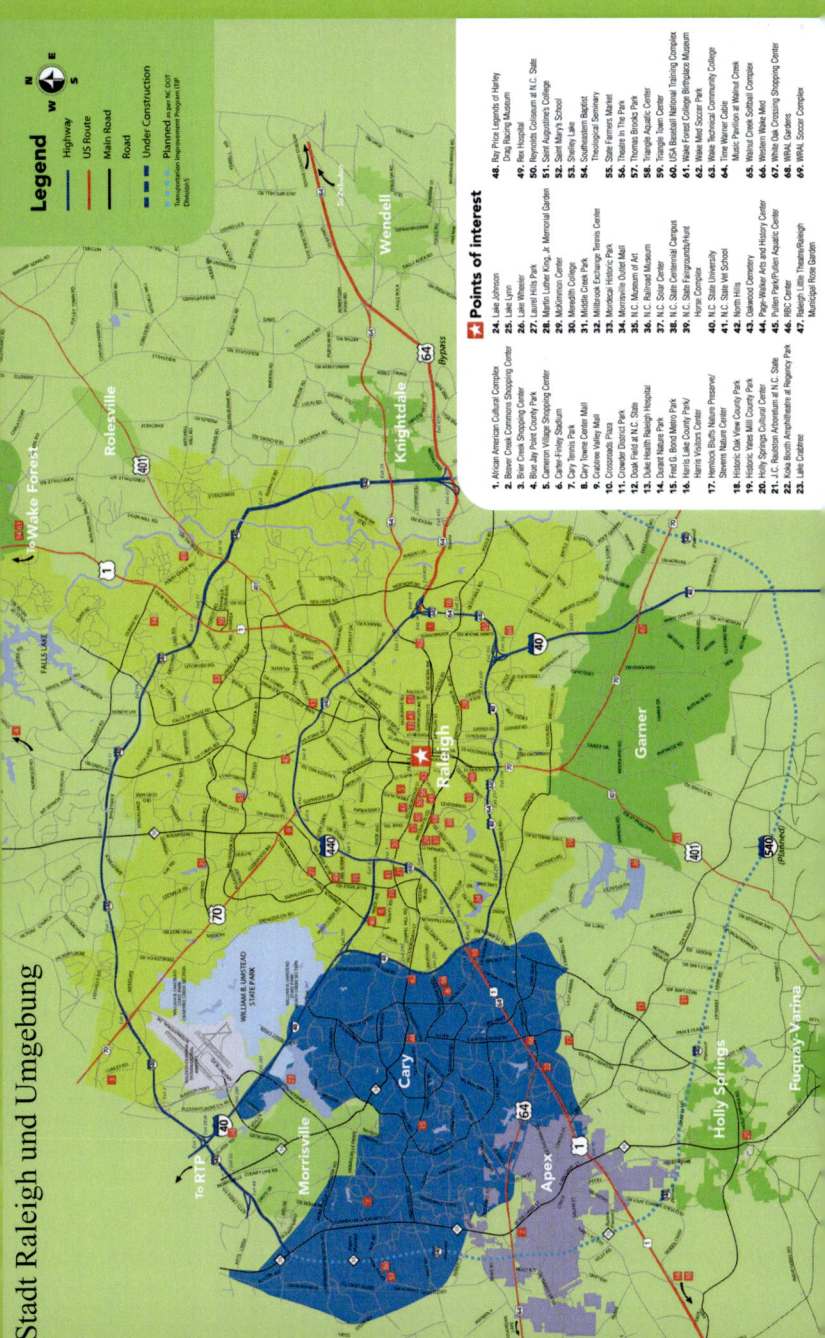

Legend

N
W · E
S

— Highway
— US Route
— Main Road
— Road
– – – Under Construction
···· Planned as per NC DOT
Transportation Improvement Program (TIP)
Division 5

⭐ Points of Interest

1. African American Cultural Complex
2. Beaver Creek Commons Shopping Center
3. Brier Creek Shopping Center
4. Blue Jay Point County Park
5. Cameron Village Shopping Center
6. Carter-Finley Stadium
7. Cary Tennis Park
8. Cary Towne Mall
9. Cardinal Valley Mall
10. Crossroads Plaza
11. Crowder District Park
12. Doak Field at N.C. State
13. Duke Health Raleigh Hospital
14. Durant Nature Park
15. Fred G. Bond Metro Park
16. Harris Lake County Park/
    Harris Visitors Center
17. Hemlock Bluffs Nature Preserve/
    Stevens Nature Center
18. Historic Oak View County Park
19. Historic Yates Mill County Park
20. Holly Springs Cultural Center
21. J.C. Raulston Arboretum at N.C. State
22. Koka Booth Amphitheatre at Regency Park
23. Lake Crabtree

24. Lake Johnson
25. Lake Lynn
26. Lake Wheeler
27. Laurel Hills Park
28. Martin Luther King, Jr. Memorial Garden
29. McKimmon Center
30. Meredith College
31. Middle Creek Park
32. Millbrook Exchange Tennis Center
33. Montfort Athletic Park
34. Montessori Historic Park
35. N.C. Museum of Art
36. N.C. Railroad Museum
37. N.C. Solar Center
38. N.C. State Centennial Campus
39. N.C. State Fairgrounds/Hunt
    Horse Complex
40. N.C. State University
41. N.C. State Vet School
42. North Hills
43. Oakwood Cemetery
44. Page-Walker Arts and History Center
45. Pullen Park/Pullen Aquatic Center
46. RBC Center
47. Raleigh Little Theatre/Raleigh
    Municipal Rose Garden

48. Ray Price Legends of Harley
    Drag Racing Museum
49. Rex Hospital
50. Reynolds Coliseum at N.C. State
51. Saint Augustine's College
52. Saint Mary's School
53. Shelley Lake
54. Southeast Baptist
    Theological Seminary
55. State Farmers Market
56. Theatre In The Park
57. Thomas Brooks Park
58. Triangle Aquatic Center
59. Triangle Town Center
60. USA Baseball National Training Complex
61. Wake Forest College Birthplace Museum
62. Wake Med Soccer Park
63. Wake Technical Community College
64. Time Warner Cable
    Music Pavilion at Walnut Creek
65. Walnut Creek Softball Complex
66. Western Wake Med
67. White Oak Crossing Shopping Center
68. WRAL Gardens
69. WRAL Soccer Complex

North Carolina – *The Tar Heel State*

Dieser Ausdruck geht zurück auf General Robert E. Lee. Er soll zu seinen Mannen zur Zeit des Bürgerkrieges gesagt haben: Gott möge die *Tar Heel Boys* schützen. *Tar* (= Teer) war zur damaligen Zeit ein wichtiges Produkt des Staates und die Arbeiter in North Carolina hatten oft Teer unter ihren Schuhen (Absatz, Ferse = *Heel*).

Für meine **Eltern**, ohne die es nicht möglich gewesen wäre

und meine **Freunde**, die es möglich gemacht haben

Martina, Lennart,
Zaw, Nihit, Mark, Fred,
und
Hicham

und vielen vielen anderen

I say thank you from the bottom of my heart!

Vorwort

Das Telefon klingelte. Ich sah aufs Display und erkannte die Vorwahl meiner Heimatstadt. Daher erwartete ich eine bekannte Stimme am anderen Ende des Hörers, als ich mich meldete. Eine mir fremde Frauenstimme sprach mich mit Namen an und fragte, ob ich noch an einem Job interessiert sei. Ich dachte, ja natürlich, aber nicht in Deutschland und schon gar nicht in meiner Heimatstadt. Ich war auf der Suche nach einer Arbeit im Ausland – genauer im englischsprachigen Ausland.

Sie muss mein Zögern bemerkt haben und meinte: „Ich rufe im Namen eines Unternehmens aus den USA an. Es hat ihre Bewerbung über sein internationales Netzwerk erhalten und ist an ihnen interessiert." Ich stöhnte ein weiteres Mal innerlich auf. USA – das stand an unterster Stelle der Länder, in die ich wollte. Aber ich wollte auch nicht unhöflich sein und daher fragte ich sie, um welche Arbeit es sich denn handelt. Sie gab mir eine kurze Einführung und die hörte sich – abgesehen von USA - nicht schlecht an. Dann erwähnte sie den Ort Raleigh – Ostküste der USA. Ich dachte „*oh no*". Wenn schon USA, dann bitte Westküste oder der Mittlere Westen, aber nicht die Ostküste! Ich hatte im Geographiestudium viel über die Westküste und den Mittleren Westen gehört, die Wüsten, den Vulkanismus, die Nationalparks und wenn, dann wollte ich dort hin.

Aber trotz allem war ich neugierig und ging zum Vorstellungsgespräch. Es klang richtig gut, was mir dort erzählt wurde und daher entschied ich mich - unter

kompletter Missachtung meiner Länderprioritätenliste –
in die USA zu gehen, nach North Carolina, an die
Ostküste – mitten hinein in das Land der Wälder.

Als guter Geograph versuchte ich natürlich
Informationen über North Carolina und Raleigh
herauszufinden. Aber in welchem Reiseführer ich auch
blätterte, ich erhielt immer nur eine Information von
weniger als zwei Seiten. Na, Prost Mahlzeit, dachte ich
mir, wo wirst Du landen…

Einen ersten Blick auf die Landschaft, die mich von nun
an beherbergen würde, konnte ich vom Flugzeug aus
werfen. Und ich war begeistert. Unendlich viel Grün,
weite Landstriche und ewig viel Platz.
Ja - ich glaube, ich habe mich auf den ersten Blick in die
Gegend verliebt. Nicht umsonst gilt North
Carolina/Raleigh als eines der besten Reiseziele der USA
und besonders als eines der begehrtesten Wohngebiete.
Im Laufe meines Aufenthalts kamen dazu die
Bekanntschaften von unglaublich lieben und herzlichen
Menschen. Diesen möchte ich auf diesem Weg Danke
sagen für die wunderschöne Zeit in Raleigh, einem Ort,
den ich mir freiwillig wohl nie rausgesucht hätte – aber
ich weiß heute, damit hätte ich eindeutig etwas verpasst.

Tief Luft holen
und eintauchen

Die ersten Schritte ins Unbekannte

Gereist bin ich schon oft. Auch in sehr unterschiedliche Länder, wie zum Beispiel Russland, Israel, China, Nepal oder Brasilien. Aber in noch keinem einzigen dieser Länder habe ich mehr als zwei Monate verbracht.
So begann die Reise in die USA nun nicht wie eine kurze Atempause von der täglichen Arbeit, sondern als Aufbruch in einen für mich neuen Lebensabschnitt. Denn knapp eineinhalb Jahre im Ausland sind nicht einfach so zwischendurch zu bewerkstelligen. Meine Vorbereitung dafür bestand allerdings lediglich aus dem Sammeln von Informationen in kurzer und kompakter Form und Lesen derselbigen: Beispielsweise Vorschriften im Strassen-verkehr, Internetzugang und Postwege, Do's and Dont's in Nordamerika und was es überhaupt in der Stadt zu sehen gibt, in die ich komme. Zu mehr kam ich nicht, da ich neben der Visaorganisation, meiner Wohnungs-übergabe und dem damit verbundenen Auszug, den Promotionsformalitäten sowie der Veröffentlichung meiner Dissertation und der Übergabe meiner sonstigen Aktivitäten keinerlei freie Zeit hatte. Oft hatte ich mehr Informationen über ein Land, wenn ich dorthin in den Urlaub aufgebrochen bin, als diesmal, als ich zum Arbeiten nach Amerika ging.
Meinen Flug reservierte ich dann zwischen zwei Terminen. Ich dachte noch, 3 Stunden Aufenthalt in Philadelphia als Zwischenstop nach Raleigh sind mehr als genug. Aber in Amerika angekommen, wurde ich eines Besseren belehrt. Nicht nur, dass die Schlange vor

den Zollbeamten der Einreisebehörde partout nicht kürzer wurde, nein, von jedem Einreisenden wurden Fingerabdrücke genommen und ein Foto gemacht. Da ich noch dazu in Amerika arbeiten wollte, war meine Visitation um einiges strenger als die derjenigen, die „nur" in Amerika Urlaub machen wollten. Als ich endlich durch die Sperre hindurch gehen konnte, musste ich zum *Baggage Claim*, um mein Gepäck zu holen. Dieses musste ausgecheckt und wieder eincheckt werden, da ich von einem Internationalen Flug kam und zu einem nationalen Flug überschwenkte. Mein Gepäck war aufgrund der Dauer meines Aufenthaltes in Amerika nicht gerade wenig… Auf jeden Fall schleppte ich meine beiden Koffer quer durch den Flughafen, checkte am anderen Ende, nach erneuter Durchleuchtung und Passkontrolle, wieder ein und rannte zum angegebenen Gate. Dieses befand sich natürlich am anderen Ende des Flughafens… als ich ankam, war ich fertig, mehr als ich es nach 10 Stunden Sitzen im Flugzeug war. Nach einem weiteren Flug von etwas mehr als einer Stunde kam ich in Raleigh an. Dort ging es zuerst zur Car Rental Company – mein Auto abholen.

Der Wagen war bereits angemietet, wie mir auch per e-mail bestätigt worden war. Ich musste allerdings lernen, dass das noch gar nichts heißt. Ich glaube, das wäre nicht das Schlimmste gewesen, wenn ich den Herrn hinter dem Tresen verstanden hätte. Ich schaute ihn etwas verständnislos an, bis mir Kristianne, meine *roommate*, die mich am Flughafen abgeholt hatte, zur Hilfe kam. Nach längerem Hin und Her war dann auch dem Herrn

5

klar, dass das Auto bereits angemietet und bezahlt war, also konnte er mir keine weitere Versicherung verkaufen. Wir verließen atemlos das Büro und ich meinte zu Kristianne: *„Sorry, but I did`t understand him.“* Sie meinte daraufhin: *"Don't mind, I had also problems in understanding him. He spoke a very strong dialect."* Dies löste meine ersten Bedenken, in Amerika mit meinen Sprachkenntnissen nicht zu bestehen, wieder etwas. Aber nicht lange: Das Auto musste ja auch noch vom Gelände des Mietwagenunternehmens und dazu musste über eine hochgeklappte nagelbewehrte Wegfahrsperre gefahren werden. Das ist allerdings erst möglich, wenn der nette Herr in seinem Häuschen die Sperre nach unten klappt. Damit er das tut, muss ihm was gegeben werden. Was, das war die gute Frage, die ich mir dann auch stellte. Ich gab ihm einfach alle Papiere, die ich erhalten hatte. Er konnte sich dann meiner Meinung nach den benötigten Zettel selbst raussuchen. Was er dann auch tat und ich endlich mit meinem Auto in die Freiheit düsen durfte.

Wohnen und Schnuppern

Da ich ja schon von Google Earth einen Blick auf mein neues Zuhause hatte werfen können, war ich nicht überrascht, dass es inmitten von großen Bäumen und grünen Sträuchern lag. Aber es ist doch etwas ganz anderes, das Foto in Schwarz-weiss oder die Wirklichkeit zu sehen. „Oh, ist das schön", war mein erster Gedanke. Und die Vögel zwitscherten, die Sonne schien, die Luft roch nach Wald – was wollte ich mehr.

Das Haus lag am Ende einer Strasse mit einer Wendeplattform, genannt *Col-de-Sac*. Ein sehr ungewöhnliches englisches Wort. Wir bogen in die 30 Meter lange Einfahrt, die von der Plattform zum Haus führte, ein, stellten unsere Autos ab und gingen zum Eingang. Eine Fliegentür befand sich vor der eigentlichen Eingangstür. Und als wir sie öffneten, quietschte sie auch noch so richtig alt und gemütlich. Das war genau das Nach-Hause-Kommen, wie ich es von amerikanischen Filmen her kannte.

Das allerbeste war allerdings, dass mein Zimmer unter der Mansarde lag und mir somit keiner „auf dem Kopf herumtanzen" konnte. Das lernte ich im Laufe meines Aufenthaltes auch sehr zu schätzen, wenn ich außer Haus in Hotels oder bei Freunden übernachtete. Amerikanische Häuser sind nicht wirklich schallisoliert. So kann es schon mal vorkommen, dass man den Nachbarn schnarchen hört und das nicht nur, wenn sich dieser im Zimmer daneben befindet, sondern auch, wenn er das darunter oder darüber belegt. Auf jeden Fall ist man in amerikanischen Wohnungen meist bestens informiert was der Nachbar gerade macht. Falls jemand Ruhe zum Schlafen benötigt, würde ich hier dringend empfehlen, immer Ohrstöpsel im Gepäck zu haben.

Mein Zimmer aber lag am Ende des Ganges, hatte zwei Fenster, eines nach Osten und eines nach Norden, ein Riesenbett, einen Schreibtisch und eine Kommode. Der begehbare Schrank war größer als meiner zu Hause und ein Holzboden mit einem weichen Teppich machte das

Bild, das sich mir bot, komplett. Ich freute mich schon darauf, dem Zimmer meine eigene Note zu geben.

Zum Auspacken und Einräumen kam ich allerdings nicht viel, da an meinem Ankunftstag ein Barbecue stattfinden sollte, zu dem mich meine *roommate* eingeladen hatte.

Ich war also nur ein paar Stunden in Amerika, als ich schon Bekanntschaft mit einem NorthCarolinaBarbecue machte. Denn bei einem Barbecue scheiden sich die Geister, wie mir während meines Aufenthaltes in aller Ausführlichkeit erklärt wurde. Es gibt zwei Typen von NorthCarolinaBarbecue: Den *Eastern* Typ und das *Western Style* Barbecue - sie konkurrieren um Platz eins des schmackhaftesten Barbecues. Bei beiden finden sich Schweinefleisch als Hauptgericht und *Hush Puppies* (gebackene Klößchen aus Maismehl – siehe Kapitel Genuss pur!) als Beilage. Das ist aber auch schon alles was sie gemeinsam haben. Besonders unterschiedlich ist die Zubereitung der Saucen. Der *Eastern Typ* verwendet als Basis eine Essig-Pfeffer-Mischung. Außerdem ist das Schweinefleisch grundsätzlich in ganz kleine Stücke zerrissen. Neben den Hush Puppies gibt es als weitere Beilagen Kartoffeln, Zwiebeln oder Krautsalat. Beim *Western Barbecue* Typ wird das Fleisch in Scheiben geschnitten. Zudem wird es mit einem Dip aus süß-saurer Sauce serviert. Die Sauce ist mit einem Schuss Tomaten verfeinert – dadurch verfärbt sie sich einen Hauch rötlich. Unabhängig von *eastern* oder *western* – Barbecue ist und war immer eng verbunden mit dem Erbe North Carolinas, wie mir mit dem Brustton der Überzeugung von den Bewohnern North Carolinas versichert wurde.

Das Prozedere bei meinem Barbecue allerdings war vergleichbar den Studentenparties in Deutschland - die Eingeladenen brachten Essen und Trinken mit. Gegrillt wurden Hamburger. Dazu gab es Salate (Nudelsalat, Krautsalat, grünen Salat, Tomatensalat) und Käse und natürlich das unvergleichliche Hamburger Brötchen. Zu trinken war alles das zu haben, was die Leute mitgebracht hatten.

Bevor es aber zum Essen ging, wurden verschiedene Spiele gespielt – so zum Beispiel „*throw out*" auf dem Billiardtisch oder Kicker oder Tischtennis oder die Leute saßen einfach rum und unterhielten sich. An diesem Grillabend sah ich zum ersten Mal in meinem Leben einen *Sugerglider* (= Kurzkopfgleitbeutler) und ein *Squirrel* (= Eichhörnchen) als Haustier. Sie hingen an ihren Herrchen bzw. Frauchen und schliefen mehr oder weniger. Die Familie, die zum Barbecue geladen hatte, hatte desweiteren noch einen Papagei, einen wellensittichähnlichen Vogel und einen wunderschönen Golden Retriever.

In dem Garten der Familie wurde dann das Barbecue eröffnet. Der Garten war nicht, wie aus Deutschland gewohnt, eine Rasenfläche, sondern er war vergleichbar mit einem Wald inklusive Waldboden voller Laub. Bewachsen mit vielen hohen Bäumen und einem kleinen künstlichen Springbrunnen in der Mitte. An einem Ende des Gartens, der übrigens nicht eingezäunt war, befand sich noch ein ultragroßes Trampolin, auf dem ich meine ersten Sprünge wagte. Und das – obwohl noch nicht spät - in stockdunkler Nacht. Denn die Stadt Raleigh liegt ungefähr auf der Höhe von Casablanca in Marokko und es wird unglaublich schnell dunkel. Gerade noch hell, ist es in den nächsten Minuten schon dunkel, richtig dunkel, da Straßenlaternen nur vereinzelt anzutreffen sind. Zeit also, um das Lagerfeuer anzuzünden, mitten im Garten, ohne vorher die Genehmigung der Gemeinde oder der Feuerwehr oder der Nachbarn einholen zu müssen. Wir saßen um das Feuer, das herrlich nach frischem Holz roch, entspannten und genossen den Abend. Hier erhielt ich dann auch meine Einführung in die Kunst des *Marshmallow*röstens, auch *s'more* genannt. Man schiebt dabei die *Marshmallows* auf einen Spieß, hält diesen über die Glut, nicht über das offene Feuer und dreht ihn, so dass das *Marshmallow* von allen Seiten gut angewärmt wird und sich fast verflüssigt. Anschließend wird das *Marshmallow* auf einen Keks gelegt, darauf ein Stück Schokolade. Die Schokolade beginnt wegen der Wärme des *Marshmallows* zu schmelzen. Diesen Turm schließt man mit einem weiteren Keks ab. Dann setzt man sich wieder gemütlich in seinen Stuhl am Feuer und fängt an zu genießen.

Arbeiten

Nach North Carolina war ich zum Arbeiten gekommen. Also ging es einen Tag nach meiner Ankunft früh morgens auch dorthin. Mit dem frühen Aufstehen hatte ich nicht so ein Problem, nachdem ich schon Stunden vorher wach war. Der *Jetlag* hatte mich voll erwischt.

Putzmunter um drei Uhr in der Früh, als ich noch im Bett lag. Am Nachmittag um 16 Uhr hätte ich umfallen können, so fertig war ich.

Aber noch war morgens und glücklicherweise holte mich eine meiner Kolleginnen ab. So konnte ich mir das Treiben auf den Straßen bequem vom Beifahrersitz aus ansehen. Darüber war ich ganz froh, denn Autofahren in einem fremden Land, vor allem, wenn man um eine bestimmte Uhrzeit an einem bestimmten Ort sein muss und den Weg nicht kennt, ist oft mit Stress verbunden. Darüber hinaus mussten wir natürlich mehrmals abbiegen. Nach ca. 20 Minuten hatte ich vollkommen die Orientierung verloren. Nach weiteren 10 Minuten kamen wir an meiner neuen Arbeitsstelle an.

Alles war fertig eingerichtet! Mein *Cube* wartete nur auf mich und meine kreativen Einfälle. Zuerst allerdings musste ich mich in den Gängen zwischen den *Cubes* zurechtfinden. *Cube* ist die Abkürzung für *Cubicle* und bedeutet wörtlich übersetzt Würfel. Es ist die Bezeichnung für Schreibtischplätze, umgeben von dünnen Wänden. Diese haben ungefähr eine Höhe von 1,80m, so daß Personen, die sich zwischen den *Cubes* bewegen, eine Einsicht erschwert wird. Die *Employees* in Amerika sitzen daher alle mehr oder weniger in ihren eigenen Büros. Ich für meine Person empfand das als sehr angenehm.

Über Arbeiten im Ausland und damit auch Arbeiten in den USA ist bereits viel geschrieben worden, daher erspare ich mir hier die Details. Meine Wochentage verbrachte ich also zwischen *Cubes*, Aktenordnern,

Telefongesprächen, Meetings und Dokumentationen. Die Wochenenden allerdings waren reserviert für sportliche Aktivitäten oder größere Ausflüge.

Raleigh North Carolina USA
—
der Nabel meiner neuen Welt

Raleigh

Raleigh war also ab sofort für mich der Start-, Mittel- und Zielpunkt jeglicher Aktivitäten. Raleigh war allerdings auch eine Stadt, von der ich bis dato noch nichts gehört hatte. Ich wusste lediglich – aufgrund meines Atlasstudiums -, dass sie an der Ostküste auf halbem Weg zwischen New York und Miami zu finden ist.

Downtown Raleigh an einem Sonntag

State Capitol

Also machte ich mich ein wenig schlau. Die Stadt Raleigh, auch bekannt unter dem Namen „*The City of Oaks*", übernahm im Jahr 1794 die Rolle der Hauptstadt North Carolinas von New Bern. New Bern ist die zweitälteste Stadt in North Carolina und wurde 1710 von deutschen und schweizerischen Einwanderern gegründet. Benannt wurde die Stadt nach der Stadt Bern in der Schweiz. New Bern liegt im Kreuzungspunkt der Flüsse Neuse und Trent an der Küste. Und damit sehr abgelegen vom Rest des Staates. Die damaligen Gesetzgeber suchten deshalb einen anderen Ort – mit hervorragender Erreichbarkeit. Die Städte Fayetteville, Hillsborough oder Edenton wurden als mögliche Standorte diskutiert. Der Haupstadttitel von North Carolina ging jedoch an Raleigh - weil sich die Gesetzgeber nicht auf eine schon etablierte Stadt einigen konnten. Raleigh wurde also 1788 als neue Hauptstadt erwählt und 1792 wurde dort der Sitz für den *New County Seat* and das *New State Capital* eingerichtet. Im November 1792 erhielt die Stadt ihren Namen – nach Sir Walter Raleigh. Dieses Vorgehen klingt nun sehr geplant. Und war es auch: Denn Raleigh ist eine der wenigen Städte der USA, die einzig und allein für den Zweck als Hauptstadt zu fungieren, geplant und gebaut wurde. Seine Lage wurde in der Isaac Hunter's Tavern festgelegt. Dieses Gasthaus war damals häufig der Versammlungsort der Gesetz-geber. 1792 bestimmte die Versammlungs neun Kommissionsmitglieder, die den Auftrag erhielten, einen geeigneten Ort für eine neue Hauptstadt zu finden. Acht Tage diskutierten die Bevollmächtigten, prüften 17 Orte und erwählten am Ende ein 1000 *acre* großes Gebiet, das sie für $ 2756 von Joel Lane erwarben. Dieses Originalgebiet wird heute noch von den Straßen North, South, East and West begrenzt. Diesem geplanten Vorgehen entspringt das Motto der Stadt: *You Can See the Whole State from Here.*

Raleigh liegt im Nordosten der Zentralregion des Staates North Carolina, genannt *Piedmont*. Ganz genau beschrieben liegt Raleigh an der Grenze zwischen *Piedmont* und *Coastal Plain*. In drei Stunden ist man von Raleigh aus an der Atlantikküste, in vier Stunden in den Great Smoky Montains. Die Stadt liegt 232 Meilen entfernt von Washington, D.C., 143 Meilen von Charlotte, NC, 123 Meilen von Wilmington, NC, 380 Meilen von Philadelphia, PS, 450 Meilen von New York City, 400 Meilen von Atlanta, GA und 230 Meilen von Charleston, South Carolina entfernt.

Raleigh selbst ist in fünf Gebiete unterteilt: *Olde Raleigh, East Raleigh, West Raleigh, North Raleigh* und *South Raleigh* und beherbergt 359.332 Einwohner (1. Januar 2007).

Was das Wetter betrifft, so war ich rundum zufrieden in Raleigh. Die Lage der Stadt weist humides subtropisches Klima auf – mit moderaten Temperaturen im Frühjahr, Herbst und Winter. Die Sommer allerdings sind heiß und zeitweise sehr humid. Die Wintertemperaturen variieren zwischen 13°C und minus 2°C. Die Frühjahrs- und Herbsttage liegen meist in den niedrigen 20igern, nachts sinkt die Temperatur gewöhnlich auf 10-14°C. Sommertage weisen oft mehr als 30-35°C auf mit einer hohen Luftfeuchtigkeit. Die regenreichsten Monate sind Juli und August.

Und was ganz wichtig ist, als Zeitzone gilt *Eastern Standard*. Der Zeitunterschied zu Deutschland beträgt 5-6 Stunden, je nachdem, ob Winter- oder Sommerzeit vorliegt. Das vergaßen viele meiner Bekannten gerade zu Beginn meines Aufenthalts und riefen mich mitten in der Nacht auf meinem Telefon an.

Noch interessant ist, dass Raleigh ein Teil von North Carolinas *Research Triangle* („Wissenschafts-Dreieck") ist, DEM Zentrum für Wissenschaft in North Carolina, in der Abkürzung auch RTP (*Reseach Triangle Park*) genannt. Die anderen beiden Ecken des Dreiecks sind die Städte Durham und Chapel Hill. In der Mitte dieses Städtedreiecks befindet sich auch der lokale Flughafen – genannt RDU.

Destinations – Startpunkt Raleigh

Um überhaupt zu einem Ausflug starten zu können ist eine gewisse Orientierung auf Amerikas Straßen unerlässlich. Ausgangspunkt dafür ist die Himmelsrichtung. Wenn man das System einmal begriffen hat, ist es eigentlich nicht mehr schwierig und kompliziert. Amerika hat nämlich aufgrund seiner - aus den Augen eines Europäers - jungen Geschichte einen unglaublichen Vorteil: Die Siedlungen, egal welcher Größe, konnten häufig auf dem Reißbrett entworfen worden. Aufgrunddessen verlaufen viele Straßen in Nord-Süd-Richtung und kreuzen sich im 90 Grad Winkel mit West-Ost verlaufenden Straßen. Desweiteren sind sternförmig von *downtown* nach außen verlaufende Strassen, die sich wie die Speichen eines Wagenrades in alle Himmelrichtungen spreizen, anzutreffen.

Viele Städte, wie auch Downtown Raleigh, werden zudem in einem engen Radius von einer Ringstraße (in Raleigh *Inner* und *Outer Beltline* genannt) umgeben. Von dieser zweigen dann die besagten „Speichen" ab. Diese münden wiederum in eine zweite Ringstraße, die in einem weiten Radius die Stadt umgibt (in Raleigh ist das der *Outer Loop*). Diese Verbindungsstraßen sind darüber hinaus durch weitere Straßen miteinander verbunden, die mehr oder weniger gerade verlaufen.

Das alles ist aber nichtsdestotrotz leider noch kein Garant dafür, dass man sich nicht doch verfährt oder wie der Amerikaner zu sagen pflegt, „*lost*" geht. Denn wie in Raleigh so einfach mit Ringstraße umschrieben, ist es dann doch nicht: Besucher und auch Bewohner der Stadt sind hin und wieder verwirrt von den Bezeichnungen „*Inner Beltline*", „*Outer Beltline*" und „*Outer Loop*". Der *Outer Loop* bezieht sich auf die zweite Ringstraße, genannt I-540, welche Raleigh noch nicht vollständig umspannt. Dies ist jedoch in Planung.

Die *Inner and Outer Beltline* beziehen sich auf die gleiche Straße. *Inner und Outer* beschreiben lediglich die Position der Straße: Die *Inner Beltline* verläuft innerhalb der *Outer Beltline*. Erstere verläuft im Uhrzeigersinn, letztere gegen den Uhrzeigersinn. Und das kann zu Verwirrungen führen, zum einen bei den Einfahrten in diese Ringstraßen, zum anderen ändert sich ja auch die Bezeichnung sollte man die Strasse verlassen und zurückfahren wollen: Also wenn ich aus Versehen die Outer Beltline genommen habe, dann rausfahre, muss ich dann die Inner oder Outer Beltline zurücknehmen, da ich ursprünglich die Inner Beltline hätte nehmen sollen? Da sind schnelle Entscheidungen gefordert. Auch deswegen, weil es sich hierbei um drei-bis vierspurige Strassen – in eine Richtung handelt. Die Wegweiser entlang der Beltline sind zudem unglücklicherweise nicht einheitlich angelegt, je nachdem in welchem Sektor der Stadt man sich befindet.

Daher hatte auch ich die Gelegenheit das Gefühl des *lost*-Seins mehrmals zu erfahren…

Ich erinnere mich noch besonders an einen Tag, als ich eine Verabredung in Downtown hatte. Meine Kollegen und ich wollten uns zu einer *fare-well party* (= Verabschiedungsfeier) einer deutschen Arbeitskollegin in einer Bar treffen. Irgendwo auf dem Weg dorthin bog ich falsch ab und schon nahm das Schicksal seinen Lauf. Ich war noch nicht lange in den USA und mein Orientierungssinn ließ bei Nachtbeleuchtung erheblich an Existenz missen. Die Einbahnstraßen taten ihr übriges und so orientierte ich mich nur noch an einem großen Wolkenkratzer. Dieser war weithin in der Stadt sichtbar und ich wusste, in seiner Nähe musste ich parken, um die Bar erreichen zu können. Wie auch immer ich gefahren bin, es hat funktioniert. Nach dem Treffen brachten mich zwei Kollegen zu meinem Auto zurück und fragten mich noch, ob ich deren Telefonnummer bräuchte, falls ich mich wieder verfahren sollte. Ich meinte – von meinen Fähigkeiten überzeugt: „Nein, nein, ich schaue mir das auf der Karte an und außerdem bin ich die Strecke schon mal gefahren. Das ist kein Problem." Gesagt, getan. Ich fuhr los und schon 5 Minuten später erkannte ich, dass eben nichts so war, wie ich es in meiner Erinnerung hatte. Und die Straßen wurden dunkler und ich war mal wieder irgendwo. Umdrehen war nicht möglich, denn auch Amerikaner kennen Einbahnstraßen und legen diese sehr gerne an. Zum anderen sind die Hinweisschilder an den Straßen einem anderen System als in Deutschland unterworfen. So ist den Schildern einer Abfahrt häufig nur die Straße zu entnehmen, in der man sich nach seiner Abfahrt vom Highway befindet, meist aber kein Hinweis auf größere Städte oder Vororte, die sich in dieser Richtung befinden und an denen sich der Fahrer orientieren könnte. Ich fuhr also so lange geradeaus, bis ich umdrehen konnte. Danach orientierte ich mich an der Himmelsrichtung, in der ich mein Zuhause wusste – nicht umsonst haben viele Autos in den USA einen in den Spiegel eingebauten Kompass. Dieser zeigt immer die Himmelsrichtung an, in die man gerade unterwegs ist. Eine halbe Stunde später war ich dann auch endlich daheim. Aber ich muss sagen, auf solche Abstecher kann ich gut und gerne verzichten, vor allem früh morgens um 4 Uhr.

Ist man in Amerika alleine unterwegs und will man sein Ziel möglichst ohne große Umwege erreichen, ist es am Besten, sich die Strecke vor dem Start als genau beschriebene Route auszudrucken. Besonders, wenn man mitten in der Nacht sein Ziel erreichen will.

Nun aber noch einige Wegbeschreibungen zu Orten, die zum einen wirklich einfach von Raleigh aus zu erreichen sind und die es sich zudem lohnt zu besuchen.

20

Ich hatte gelesen, dass in etwa die Hälfte der Bevölkerung der USA in einem Umkreis von einer Tagesreise von Raleigh entfernt leben. Das klang in meinen Ohren zunächst unglaublich. Denn wenn ich aus dem Fenster sah, dann erblickte ich Bäume, Bäume und viel, viel Wald. Im Laufe der Zeit wurde die Behauptung allerdings durchaus plausibel und vorstellbar: Innerhalb von 4 Autostunden erreicht man beispielsweise Washington D.C. (Hauptstadt der USA), die gleiche Zeit benötigt man mit dem Auto nach Charlotte (Finanzzentrum von North Carolina) oder Columbia (Hauptstadt von South Carolina). Ungefähr 11 Stunden dauern die Fahrten nach New York City beziehungsweise nach Miami (Florida). Zudem liegt Raleigh am Kreuzungspunkt von zwei wichtigen Nord-Süd-Verbindungen (north-south interstate I-95 und I-85) und einer Ost-West-Verbindung (I-40).

Von Raleigh nach Charlotte:
Von Raleigh geht es in ungefähr 4 Stunden nach Charlotte, dem Finanzzentrum von North Carolina. Charlotte ist sehens- und erlebenswert: Zum einen wegen der beeindruckenden Bankgebäude, zum anderen wegen des kulturellen Angebots. Dieses reicht von Museen über Theater und Oper bis zu Ballett. Aber auch sportlich ist viel geboten in Charlotte, mit den NFL Carolina Panthers oder den NBA Carolina Bobcats.

In Raleigh geht es auf die die *Inner Beltline* von Raleigh I-440 W Richtung Cary/Durham. Diese enthält eine

Abzweigung zur I-40 W . Nach etwa 72 Meilen muss man auf die I-85 S Richtung Charlotte abfahren und dann nur noch der Strasse folgen .

Von Raleigh nach Wilmington:

Wilmington ist eine wunderschöne alte Küstenstadt aus dem 18. Jahrhundert. Sie liegt in North Carolinas Inner Banks Region, zwischen dem *Cape Fear River* und dem Atlantischen Ozean. Die *Inner Beltline* von Raleigh I-440 E enthält eine Abzweigung zur I-40 E über die Ausfahrt 16 Richtung Wilmington/Benson . Und diese Straße führt direkt nach Wilmington.

Von Raleigh nach Winston-Salem:

Winston-Salem liegt im Herzen der South Atlantic Region auf halbem Weg zwischen Atlanta, Georgia und Washington D.C.. Die Stadt ist bekannt als „*City of the Arts*". Die *Outer Beltline* von Raleigh I-440 W enthält eine Abzweigung zur I-40 W. Diese führt geradewegs nach Winston-Salem (südlich).

Von Raleigh zu den Outer Banks:

Die Outer Banks (siehe Kapitel „Ich war in der Südsee, auch Outer Banks genannt") sind eine der schönsten Inselgruppen der USA. Um dort hinzukommen, muss man lediglich auf die *Inner Beltline* I-440 E fahren und dort die Abzweigung zur I-40 E nehmen. Nach ca. 7 Meilen erscheint ein Hinweisschild zur UR-79 via Ausfahrt Clayton/Smithfield/Goldsboro. Und von dort aus ist nur noch dieser Straße Richtung Osten zu folgen bis zum Atlantik.

Von Raleigh nach Columbia:
Es ist unglaublich angenehm von Raleigh (Hauptstadt NC) nach Columbia (Hauptstadt SC) zu fahren, auch wenn es ungefähr 4 Stunden in Anspruch nimmt (was in Amerika als „gleich um die Ecke" gesehen wird): Die *Outer Beltline* von Raleigh I-440 W , kurz auch nur 440 genannt, wird auf ihrem weiteren Weg zu US-1 S . Dieser Straße ist immer zu folgen, die Abzweigungen sind perfekt ausgeschildert und man kommt auf direktem Weg nach Columbia.

Von Raleigh nach Miami:
Und selbst nach Miami ist es einfach nur einfach. In Raleigh geht es auf die *Inner Beltline* von Raleigh I-440 E. Diese enthält eine Abzweigung zur I-40 E . Von dort geht es zur I-95 S über die Ausfahrt Benson/Fayetteville. Die Fahrt auf dieser Straße führt

23

durch South Carolina und Georgia geradewegs hinein nach Florida und weiter nach Miami, auch wenn es etwa 11 Stunden dauert.

Und nun noch ein kurzes *statement* zu meinem ersten echten wagemutigen Abenteuer – alleine auf „großer" Fahrt im noch größeren Amerika - *von Raleigh nach Blacksburg, Virginia:*

Diese Strecke musste ich fahren, als ich in der Nähe von Roanoke, in Blacksburg, Teilnehmer einer *career fair* (= Recruitingveranstaltung) war. Blacksburg liegt in Virginia und ist Standort der Virginia Tech, der grössten Universität Virginias. Die VA Tech, wie sie genannt wird, ist über die Grenzen des Staates hinaus bekannt für ihre exzellenten Ausbildungsmöglichkeiten. Ich fuhr also nach Blacksburg. Damit verlief meine Route quer durch North Carolina, über die Smoky Montains hinein in den Westen von Virginia. Leider handelte es sich dabei nicht um eine einzige Straße, der ich nur zu folgen brauchte. Es waren tausende von Abzweigungen zu beachten.

Bei *mapquest* (siehe Links) druckte ich mir meine Route aus. Auf dieser war explizit beschrieben, wo und wie ich zu fahren hatte. Dabei handelte es sich allerdings um eine unglaubliche Menge von Straßen und ich wusste was passiert, wenn ich eine Abzweigung verpasste. Dann hieß es entweder lange, lange bis zur nächstmöglichen Abzweigung zu fahren und umzukehren oder irgendwo im Nirgendwo zu landen. Die mir bis zu diesem Zeitpunkt noch relativ unverständlichen Abkürzungen – waren aber tatsächlich auf den Hinweisschildern an den

Strassen wiederzufinden. Im Endeffekt hatte ich es mir schlimmer vorgestellt als es war.

Zum Beispiel: Take 15/501 South oder Keep RIGHT to take I-40 W / I-85 BR S via EXIT 131 toward US-70 / GREENSBORO / WINSTON-SALEM oder Merge onto US-460 W via EXIT 118B toward US-11 / CHRISTIANSBURG / BLACKSBURG oder Take the exit toward US-460-BR W / US-460-BR E

Auf dem Weg von Raleigh nach Chapel Hill

Daher kann ich nun guten Gewissens sagen, Route festlegen, ausdrucken und losfahren. Und wenn man sich tatsächlich einmal verfährt, ist es im Grunde auch nicht schlimm, denn häufig findet man auf diese Weise Ecken, die einfach herrlich sind!

Die Liebe zum Auto

Dem Auto muss unbedingt ein eigener Abschnitt gewidmet werden, denn ich habe in meiner grenzenlosen Naivität tatsächlich einmal versucht, von meiner Wohnung zur *NC State Fair* (dem grössten Volksfest

North Carolinas) mit dem Bus zu fahren, Entfernung ca. 10 Meilen. Informationen über eventuelle Bustransfer-möglichkeiten waren aus dem Internet nur spärlich zu erhalten. Ich rief daher beim Busunternehmen selbst an und war nach 45 Minuten Telefonat nicht viel schlauer. Außer, dass ich darauf hingewiesen wurde, dass ich auf meinem Weg zur State Fair nicht nur umsteigen muss, sondern auch das Busunternehmen dabei zu wechseln habe. Ich sah das als nicht so großes Problem an, aber die Dame am anderen Ende der Telefonleitung sagte mir, dass sie mir über die Anschlussverbindungen keinerlei Auskunft geben könne, da es eben nicht ihr Unternehmen sei. Im Endeffekt hätte eine Fahrt mit dem Bus zur State Fair 3,5 Stunden in Anspruch genommen, mit dem Auto inklusive Parkplatzsuche und Stau war ich 45 Minuten unterwegs. Ich konnte spätestens seit diesem Zeitpunkt verstehen, warum Amerikaner ihre Autos lieben oder wie meine Kollegin sagte: *„The Americans love their cars, because they live in their cars!"*

Das Autofahren und was damit zusammenhängt

Das Autofahren im amerikanischen Straßensystem ist für einen Europäer eine Welt für sich, wie ich ja schon geschildert habe.

Zum einen haben die Amerikaner „etwas" größere Autos als wir auf unseren Straßen gewohnt sind. Zum anderen haben sie auch breitere Straßen, so dass nicht nur breitere Fahrspuren keine Seltenheit sind, sondern auch 2-3-4

26

Spuren in eine Richtung häufig zu finden sind.

Amerikanische Autos sind echt was Tolles. Ich bin von Sportwagen über SUV bis hin zu einem Pickup alles gefahren.

Aber schnell fand ich heraus, dass amerikanische Autos ihren eigenen Kopf besitzen. So sollte man sich nicht aus der Ruhe bringen lassen, sollte das Auto zu piepsen, fiepen oder hupen beginnen, und dies weder die Benzin-, noch die Öl- oder Wasseranzeige betrifft. Amerikanische Autos kommunizieren ständig mit ihrem Fahrer.

Eine weitere interessante Erfahrung ist das Fahren mit Automatik. Für einen Europäer ist dies häufig eine Umstellung. Am besten, man stellt den linken Fuss beseite und vergisst ihn. Das Gas und die Bremse werden alleine mit dem rechten Fuss betätigt.

Was mich am Anfang stutzig hat werden lassen, ist die Tatsache, dass amerikanische Autos in North Carolina vorne kein Nummernschild haben, sondern nur hinten. Und auch die Nummernschilder auf der Rückseite der Autos sind nicht alle nach dem gleichen Schema aufgebaut: So kann gegen einen kleinen Aufpreis alles als Nummer gelten, was der Fahrzeughalter wünscht. Im Laufe meines Aufenthaltes habe ich Nummerschilder mit „justdoit" oder „12@78" oder auch „1-Thanks" gesehen.

Mietwagen sind darüber hinaus noch eine Stufe besonderer:

1. Die Gebrauchsanweisung für Autos liegt häufig nicht im Handschuhfach sondern im Kofferraum beim Reserverad.

2. Beim Tausch eines Mietwagens ist das Zauber-
   wort „*Exchange my car*" zu sagen.
3. Außerdem tankt man grundsätzlich das Billigste
   oder wie der Spruch lautet: „*Don´t be gentle, it´s
   a rental.*"

Apropos Tanken. Irgendwann einmal stand ich natürlich
auch vor der Aufgabe, mein Auto aufzutanken. Gott sei
Dank hatte ich bereits meine Gebrauchsanweisung
gefunden, so dass mir bekannt war, wie ich den
Tankdeckel öffnen konnte. Das klingt ziemlich absurd,
allerdings haben die Amerikaner andere Techniken als
wir in Europa. So kann man hier durchaus schon mit der
ersten Schwierigkeit konfrontiert werden. Ich fuhr also
eine Tankstelle an. Mein Tankdeckel war rechts. Brav
stellte ich das Auto mit der rechten Seite an die
Zapfsäule. Soweit so gut. Ich öffnete meinen Tankdeckel
und war bereit zum „*fuelling*". Ich zückte meine Karte –
da in Amerika an der Zapfsäule mit Karte bezahlt werden
kann – und schob sie in den dafür vorgesehenen Schlitz.
Schnell muss sie wieder entfernt werden. Warum, das
konnte mir leider auch kein Amerikaner erklären. Aber
jeder, den ich gefragt habe, meinte „reinstecken und
schnell wieder rausziehen, sonst spielt der Automat
verrückt", was nach einmaligen Ausprobieren von mir
definitiv bejaht werden kann. Der Automat beginnt zu
blinken und an Benzin ist nicht mehr zu denken.
Abstellen kann das Geblinke nur der Tankstellenwärter.
Also, ich habe die Karte reingesteckt und schnell wieder
rausgezogen. Der Computer teilte mir mit, dass die Daten

überprüft werden. Nach erfolgreicher Prüfung stand auf dem Display *„start fuelling"*. Ich ziehe also den Tankstutzen aus der Zapfsäule, stecke ihn in meine Tanköffnung und betätige den am Tankstutzen befestigten Hebel. Dann warte ich, dass das *„fuelling"* startet und der Hebel zurückspringt, um anzuzeigen, dass mein Tank voll ist. Aber nichts, rein gar nichts tat sich. Ich schiebe daraufhin den Hebel zurück und betätigte ihn erneut. Wieder nichts. Das Display zeigte mir immer noch an *„start fuelling"*. Ich dachte mir mittlerweile, hey, ich will ja, aber es geht nichts! Ich versuchte es noch einmal. Daraufhin zeigte mir das Display an, dass meine Zeit abgelaufen ist und ich erneut die Karte einstecken sollte. Hilflos betrachtete ich den Tankstutzen, der noch in meinem Auto steckte. Schön langsam wurde ich wütend. Ich stapfte also in das kleine Büro und fragte den Mann, warum meine Zapfsäule kein Benzin hergeben will. Der Mann begleitete mich nach draußen und gemeinsam begannen wir das Prozedere von vorne. Und da war er, der kleine Unterschied. Nach dem Einführen der Karte, ihrer Überprüfung, dem Entnehmen des Tankstutzens aus der Zapfsäule, dem Einstecken in meinen Autotank und der Auswahl der Benzinart muss vor der Betätigung des Hebels am Tankstutzen zum Befüllen des Tanks an der Zapfsäule ein Hebel (siehe roten Kreis) oder ein Knopf gedrückt werden. Das ist das Zeichen für die Zapfsäule, dass ich jetzt wirklich an-fangen will zu tanken.

Dieser kleine Handgriff wird aber leider nicht überall deutlich gekennzeichnet (siehe grünen Kreis) und ich war definitiv bei meiner ersten Tankaktion an einer Tankstelle gelandet, wo dies der Fall war. Nach dem „*lift*" des Hebels an der Zapfsäule war das Tanken dann auch kein Problem mehr.

Links neben dem äußerst rechten Tankstutzen ist das *Lift*-zeichen zu finden, sowie in Bild drei der „*geliftete*" Hebel

Ich wartete bis der Tank voll war, der eingerastete Hebel zurücksprang und ich den Tankstutzen aus meinem Tank entfernen konnte. Das Display fragte mich noch, ob ich eine Rechnung möchte und ich drückte „*Yes*". Daraufhin spuckte es die Quittung aus und ich war fertig mit Tanken.

Rund ums Auto können erfahrungsgemäß aber noch ganz andere Aufgaben auftauchen. So passiert es durchaus, dass die Autoreifen aufgepumpt werden müssen. Ich fuhr also wieder einmal eine Tankstelle an. Dort hielt ich Ausschau nach etwas, was wie eine Luftpumpe aussieht. Ich entdeckte schließlich ein ähnlich gebautes Gerät in der Ecke der Tankstelle. Es handelte sich hierbei aber nur um die Stange mit Ventil, welches in den Reifen gesteckt wird, aber nicht um die Anzeige, welche mir sagt, wie viel Bar ich letztendlich im Reifen bereits habe und wie viel ich reinpumpen muss. Hm, nach einer kurzen

Überprüfung des Gerätes fuhr ich zur nächsten Tankstelle. Denn es war mir nicht so ganz wohl dabei, die Kappen von den Ventilen an den Reifen meines Autos abzuschrauben, die Stange auf das Ventil zu stecken und keine Ahnung zu haben, und nach Gefühl, Wellenschlag und Augenmaß zu urteilen, wie viel Luft ich denn nun eigentlich reinpumpen soll. Aber auch an der nächsten Tankstelle sah ich nur die Stange, keine Anzeige. Mir dämmerte schön langsam, dass das wohl das besagte Gerät sein muss. Ich überlegte kurz, ob ich es tatsächlich wagen sollte, die Ventile an einem Reifen zu entfernen und den Reifen ohne Anzeige aufzupumpen. Ich entschied mich für ja, denn mit den Reifen konnte ich nicht mehr weiterfahren. Ich warf also 50 Cent in das Gerät. Ein unwahrscheinlich lautes Geräusch setzte ein, ich verstand mein eigenes Wort nicht mehr. Und ich dachte mir, na bravo! Nicht nur Unwissenheit, sondern auch noch was für die Ohren. Ich setzte also das Ventil an und unvermittelt ploppte an der Stange ein Ring nach oben und zeigte mir auf diese Weise meinen Reifendruck an. Damit hatte das technoähnliche in den höchsten Dezibeln schwebende Geräusch meines Gerätes seine Auswirkungen auf meine Nerven verloren. Ich pumpte gut gelaunt alle vier Reifen auf und machte mich auf den Weg nach Hause.

Während ich so durch die Stadt fuhr, fiel mir wieder einmal auf, dass sich so gut wie gar keine Fußgänger auf den Gehsteigen bewegten. Nach meinem Verständnis gehören Fußgänger einfach zum Straßenbild. Obwohl ich, wie gesagt die Fußgänger, die ich gesehen hatte, an einer Hand abzählen konnte, machte ich mich wenige Tage später zu Fuß auf den Weg zur Post. Allerdings erkannte ich schon auf den ersten Metern, warum zu Fuß gehen, anscheinend nicht zu den Gepflogenheiten amerikanischer Bürger zählt. Die Ampelschaltung in North Carolina ist eine einzige Geduldsprobe. Es ist daher genügend Zeit mitzubringen, wenn auf dem Weg zum Ziel mehrere Straßen überquert werden müssen. Da es sich meistens um 3-4 Spuren in eine Richtung handelt und oft auch noch Kreuzungsverkehr ist, dauert es ewig, bis die Ampeln umschalten. Außerdem ist zum Überqueren ein Knopf zu drücken, der an einem Pfosten in ungefähr einem halben Meter Höhe befestigt ist. Die Ampeln in Amerika hängen an einem Seil über der Straße, der dazugehörige Pfosten kann schon mal etwas weiter von der Straßenkreuzung entfernt stehen. Eine Straße mit Rollerblades zu überqueren, kann somit durchaus zum Abenteuer werden, wenn zuerst eine Strecke über einen Rasen zurückgelegt werden muss, um schließlich den Knopf drücken zu können. Es schleicht sich daher schon mal der Gedanke ein, die Straße zu überqueren, ohne auf Grün zu warten. Allerdings ist das eine schlechte Idee. Denn Autofahrer dürfen in North Carolina immer – auch bei roter Ampel – rechts abbiegen, außer es ist explizit auf einem Schild verboten – *no turn on red*! Da erfahrungsgemäß wenige bis keine Fußgänger, Radfahrer oder Roller Blader auf den Gehwegen unterwegs sind, erfolgt das Abbiegen meist ohne Schulterblick…

Ein Blick über die Schulter sollte auf den Highways allerdings nicht vernachlässigt werden. In North Carolina dürfen nämlich die Autos auch rechts an einem vorbeifahren. Als ich das erste Mal auf einem Highway unterwegs war, erschrak ich bis ins Innerste, als ich – obwohl ich die zulässige Höchstgeschwindigkeit fuhr – rechts von einem Truck überholt wurde. Und diese Fahrzeuge sind - milde ausgedrückt - um einiges grösser als ein LKW in Deutschland. Das unvermittelte Auftauchen dieses Monstervehikels hat mir einiges an Adrenalin in den Körper gepumpt. Wenn man also auf der mittleren Spur unterwegs ist, ist es durchaus normal, sowohl rechts als auch links überholt zu werden, und das auch, wenn man 5mph schneller fährt als erlaubt. Mehr würde ich allerdings nicht empfehlen, da es für einen Ausländer ganz schön ins Geld gehen kann, wird man von einer Polizeistreife aufgrund von *speeding* angehalten…

Etwas gewöhnungsbedürftig am amerikanischen Straßenverkehrssystem für mich war die 4-Stopp-Schild-Situation. Diese findet sich an Kreuzungen, an denen keine Vorfahrtsschilder oder Ampeln stehen. An jeder Ecke steht ein Stoppschild. Die Regel rechts vor links ist unbekannt. Es hat derjenige Vorfahrt, der als erster an der Kreuzung stand. Die Stoppschilder sind deshalb notwendig, weil – wie mir von einem Amerikaner erklärt wurde – die Regel besagt, dass ohne ein Stoppschild einfach ohne zu schauen gefahren werden darf.

Was mir auf meinen Fahrten einiges an Kopfzerbrechen bereitet hat, war der Hinweis auf HOV+2 an den Highways. Dieses Schild sieht schon sehr offiziell aus.

Mit einer Freundin bin ich einmal auf eine derartige Straße geraten. Wohl war uns nicht dabei, da wir zu dem Zeitpunkt überhaupt nicht wussten, was das nun bedeutet. Des Rätsels Lösung: Bei HOV2+ handelt es sich um eine Abkürzung für „*Highly occupied vehicle*", was bedeutet, eine derartig gekennzeichnete Strasse darf nur von Autos befahren werden, die mehr als zwei Personen befördern. Wir hatten Glück, wir waren drei, meine Freundin, deren 4-jährige Tochter und ich. Mit dieser HOV2+-Regelung wollen die Amerikaner „*car sharing*" forcieren. Häufig ist es nämlich so, dass in einem Auto nur jeweils eine Person sitzt. Und infolgedessen kommt es am Morgen zu Stauungen auf stark befahrenen Straßen. Mit dem Angebot derartiger Spuren, die nur von Autos befahren werden dürfen, die mehr als 2 Leute beinhalten – und das wird streng überwacht – wird die Staulage entspannt, den „*car sharing*" Personen ein Vorteil eingeräumt und eine Motivation für den Rest der Personen geschaffen, die im Stau stehen und zuschauen müssen, wie andere Autos gelassen an ihnen vorbeiziehen.

Apropos Stau. Was ich in meiner gesamten autofahrerischen Zeit in North Carolina nicht erlebt habe, war die aktive Anwendung des Reißverschluss-verfahrens. Wenn auf amerikanischen Straßen gebeten wird, in fünf Meilen die Spur zu wechseln, da sich die Fahrbahn aufgrund von Bauarbeiten verengt, kann mit an hohe Wahrscheinlichkeit grenzender Sicherheit gesagt werden, dass es kurz darauf zu Stauungen kommt. Trotzdem nicht den Fehler machen, bis ans Ende der fünf Meilen zu fahren, um sich dann im Reißverschluss-

34

verfahren einzufädeln. Ich wurde wütend angehupt, als ich es einmal gewagt hatte, bis an die Baustelle heranzufahren, um dort dann mit Blinken zu kennzeichnen, dass ich einfädeln möchte.

Aber trotz allem – es macht unglaublich Spaß in Amerika Auto zu fahren! Die Straßen sind breit – unabhängig davon ob es ein Highway, eine Interstate etc. ist, die Autos gross und das Benzin in meinen Augen äußerst billig.

Highway 41

Die Highways in North Carolina sind meistens folgendermaßen konzipiert: Wir haben Bäume rechts der Straße, dann die Straße, dann den grünen Mittelstreifen, dann erneut eine Straße und dann wieder Bäume. Das führt auf Dauer zu enormen Konzentrations- schwierigkeiten. Vor allem, weil mit Automatik und Tempomat nicht wirklich Köpfchen gefordert ist. Ein Lichtblick, welcher sich dem Fahrer ab und zu, aber leider viel zu selten bietet, ist das Abbiegen.

Nicht so der Highway 41
von Raleigh nach North Myrtle Beach.

Daher ist es fast schon ein MUSS, den Highway 41 hier zu erwähnen. Dieser Highway ist so herausragend, dass wir sogar des öfteren anhielten und aus dem Auto stiegen.

So bot sich entlang dieses Highways erstmals die
Möglichkeit, Baumwollfelder aus der Nähe zu betrachten
und sich selbst zu bestätigen, dass es sich tatsächlich um
Baumwollfelder handelt. Bis zu diesem Zeitpunkt war in
meinem Kopf verankert, dass Baumwollpflanzen
ungefähr 1-2 Meter hoch werden. Die Pflanzen in North
Carolina erreichen in etwa eine Höhe von einem halben
Meter. Entlang des Higways 41 ist es also möglich, ein
Baumwollfeld zu betreten, ohne sich vorher durch
Gestrüpp oder einen Bach kämpfen zu müssen und dabei
außerdem sein Auto an der Straße stehen lassen zu
können, ohne sofort mit einem wütenden Hupkonzert
bestraft zu werden.

Baumwollpflanzen am Straßen-
rand

Das nächste Highlight waren riesengrosse *Mobilehome*-
Parks, die sich entlang dieser Strasse niedergelassen
hatten. Die Bewohner dieser *Mobilhomes* stellen ihre
Briefkästen an der Straße auf - brav einer neben dem

anderen. Auf diese Weise wird einem auf einen Blick ein Überblick über alle verschiedenen Arten von Posteinwurfmöglichkeiten in North Carolina geboten.

Briefkästen entlang der Straße

Was mich darüber hinaus besonders faszinierte an dieser Straße, waren die Autos, die entlang des Highways in den Grundstücken geparkt waren. Oder die Autos, die auf dieser Straße vor, hinter oder auch mal neben uns fuhren. Fantastisch hergerichtete, auf Hochglanz polierte Autos.

Ford   Chevrolet

Der Highway 41 führt außerdem durch kleine Ortschaften, verschlafene Nester mit Villen, vorbei an wunderschönen Kirchen und noch mehr Tabaklagerhäusern. Dazwischen liegen Sümpfe und schlängeln sich kleine Flüsse mit einladenden Sandstränden.

Was diese Strasse aber unschlagbar machte gegenüber anderen Highways, war ein Volksfest, das direkt neben dem Highway seine Zelte aufgeschlagen hatte.

Das Gelände, auf dem dieses amerikanische Volksfest stattfand, war vollständig von einem Zaun umgeben. Um den Platz betreten zu dürfen, hatten wir an der Kasse zu bezahlen. In unserem Fall betrugen die Kosten $5. Am Zaun nahe der Kasse war eine Tafel angebracht, welche das Trinken von Alkohol und das Tragen von Feuerwaf-

Volkfest am Highway 41

fen untersagte. Letzteres Verbot rief beim mir Gänsehaut hervor, aber schon das erste Verbot klingt für einen Deutschen gewöhungsbedürftig, für einen Bewohner Bayerns ist es nahezu unvorstellbar. So wurde denn auch nur „Lemonade" oder Wasser verkauft. Und ich muss sagen, ich habe es sehr genossen, keine betrunkenen Personen um mich zu haben, sondern einfach nur Leute, die Spaß am Volkfest und seinen Attraktionen haben. Zu letzteren zählten etwa altertümlich anmutende Fahrgeschäfte aus den 70iger

Jahren. Ich habe dort zum ersten Mal begriffen, warum die Amerikaner so scharf auf das Oktoberfest sind. Denn sie haben zwar Themenparks wie Disneyworld – diese sind aber fest installiert und nicht mobil. Zum zweiten habe ich bei diesem Volksfest die Bedeutung der Größe von Erntefrüchten erkannt. So mancher amerikanische Film spielt darauf an.

Zucchini und Kürbisse mit Ihren Auszeichnungen

In riesigen Lagerhallen wurden Tonnen von Früchten, aber auch Marmeladen und Kuchen und Gemüse und Bilder und Quilts und Truthähne und Ziegen und Pferde und Schweine und Hasen und vieles mehr ausgestellt und harrten der Jury, die sie bewertete. Manche Ausstellungsstücke schmückten sich bereits stolz mit dem ersehnten blauen Prädikatsband für den ersten Platz. Die zweitplazierten erhielten ein rotes Band und es gab weitere Bänder für die Dritt-, Viert- und Fünftplazierten. War eine Arbeit besonders gut, hing daneben auch noch eine Urkunde, die auf den Namen des Urhebers ausgestellt war und ihm bescheinigte, ein „*outstanding work*" vollbracht zu haben. Und ich muss sagen, ich war von vielen Arbeiten sehr beeindruckt. Es waren unglaublich schöne Quilts zu sehen, oder auch Bilder, die mich sprachlos machten. Und die Größe mancher Obst- und Gemüsesorten, welche ohne Manipulierungsmittel erreicht werden muss, verblüffte mich.

Von einem lauten Krach wurden wir wieder nach draussen gelockt. Dort sahen wir einen Monstertruck auf das Gelände fahren. Riesige Reifen wühlten sich in die Erde und mit röhrendem Motor zeigte der Fahrer seine Kunststücke.

Voll mit Eindrücken gingen wir schließlich zum Auto zurück, um kurz darauf auf einem anderen „langweiligen" Highway zurück nach Hause zu fahren.

Ich war in der Südsee, auch Outer Banks genannt

Wenn einen der Highway allerdings zu den Outer Banks an der Küste bringt, dann nimmt man auch gerne die langweiligsten Autostunden in Kauf. Outer Banks werden die North Carolina vorgelagerten Inseln genannt. Sie haben den Ruf, zu den schönsten Inseln der Welt zu gehören UND sie sind ganze drei Stunden von Raleigh entfernt. Die Outer Banks werden in eine Reihe von Inseln unterteilt: Von Norden nach Süden sind das Bodie Island, Roanoke Island und Hatteras Island plus Ocracoke Island.

Ocarcoke und Hatteras hatten es mir angetan. Daher beschloss ich eines Samstags spontan, mit Freunden einen Abstecher zu den Outer Banks zu machen. Wir wählten den Weg über Cedar Island. Dies ist eine Halbinsel und definitiv einer der Orte der Welt, die noch ohne jegliche Handynetzverbindung sind. Das einzige Telefon am Ende der Welt, so kommt es einem vor, da man sich wirklich am östlichsten Zipfel des Festlandes von Amerika befindet, ist ein Münzfernsprecher. Ich weiß schon gar nicht mehr, wann ich das letzte Mal ein öffentliches Telefon benutzt hatte. Nach einer Weile hatte ich dann auch das System begriffen, nach dem die Empfängernummern eingegeben werden mussten. Ist ja nicht so, dass einfach die gewünschte Nummer zu wählen wäre. Nein, hier ist zuerst der *area code* einzugeben. Danach erhielt ich von einer netten Computerstimme eine Liste und musste mich für eine weitere Möglichkeit entscheiden. Diese Entscheidung führte zu einer weiteren Liste usw. Wehe, ich hatte mich falsch entschieden, dann blieb mir nichts anderes übrig, als aufzulegen und neu zu wählen und natürlich neu Geld einzuwerfen, da das zuvor eingeworfene Geld logischerweise weg war. Ich hing also an dem Telefon, da ich einen wichtigen Anruf für den nächsten Tag absagen musste und nicht damit gerechnet hatte, nicht per *Mobilephone* erreichbar zu sein…

Besagte Halbinsel Cedar Island hat ihren Namen von den überall wachsenden Wacholdersträuchern. Dieser Wacholder wurde von den ersten Siedlern irrtümlich als Zeder (*cedar*) gesehen. Daher gaben sie dem Gebiet den Namen Cedar Island. Am Ende dieser Halbinsel liegt ein Fährhafen, dessen Verbindungsboote einen in zwei Stunden und 25 Minuten auf Ocracroke übersetzen. Am

Ende der Halbinsel ist auch ein Motel. Daneben gibt es nichts mehr. Wir buchten also ein Zimmer in diesem Motel für eine Nacht und begaben uns ins Restaurant. Und ich muss hier erwähnen, so „interessant" das Motel von außen wirkte, das Essen war unschlagbar lecker. Es gab vor allem – wie sollte es anders sein – *Seafood*. Auf unsere Anfrage, wo die Fähre denn abführe, wurde uns geraten am besten gleich sofort einen Fährplatz zu buchen. Nach dem Essen machten wir uns also auf in das Ticketoffice. Wir liebäugelten mit der Fähre um 9 Uhr. Schließlich war Sonntag und wir wollten auch noch frühstücken. Aber am Ende mussten wir um 6.30 Uhr am Fährableger stehen. Die Fähre um 9 Uhr war bereits ausgebucht, die um 8.15 Uhr gecancelt, die um 12 Uhr auch voll und die erste mögliche nach 6.30 Uhr wäre 15 Uhr gewesen. Wir wählten also gequältermaßen die Morgenoption.

Wegen unseres frühen Starts am Sonntag beschlossen wir, möglichst bald schlafen zu gehen. Ich stellte mein Handy auf 6 Uhr. Gott sei Dank, muss ich sagen, wachte ich in der Früh auf und schaute auf die Uhr. 6.20 Uhr!!!!!!!!!! Ich konnte erst gar nicht glauben, dass mein Wecker nicht geklingelt oder ich ihn überhört hatte, aber die Uhrzeit veränderte sich nicht, auch nicht nachdem ich die Augen noch mal zugemacht hatte, um sie dann vollends aufzumachen. Ich sprang daher wie von der Terantel gestochen aus dem Bett, weckte meine Mitreisenden und innerhalb von fünf Minuten waren wir startklar und todmüde. An ein gemütliches Frühstücken wäre zwar schon vorher nicht zu denken gewesen, aber nun erst recht nicht mehr. Wir durften uns aber Gott sei Dank einige Sachen vom Buffet mitnehmen und ab ging es aufs Schiff. Dort schipperten wir ein bisschen mehr als zwei Stunden bei ruhiger See Richtung Ocracoke. Die Sonne ging langsam auf und es war einfach herrlich. Nur fragte ich mich die ganze Zeit, warum wir meinen Wecker nicht gehört hatten. Bis ich die Erleuchtung hatte: In den USA wird ja mit *am* (= ante meridiem, gesprochen ai-em) und *pm* (= post meridiem, gesprochen pi-em) hantiert; *am* für die Zeit von Mitternacht bis 11.59 Uhr und *pm* für 12 Uhr mittags bis 23.59 Uhr. Dieser feine Unterschied ist natürlich auch zu beachten, sollte man den Wecker eines amerikanischen Handys stellen... Für mich war 6.00 definitiv morgens, da hier aber 6.00 *am* morgens und 6.00 *pm* abends ist, ist auch auf das der Uhrzeit folgende Acronym zu achten. Ich hatte meinen Wecker zwar auf 6.00 Uhr gestellt, aber *pm*. Kein Wunder, dass er uns nicht geweckt hatte!

Der frühe Start stellte sich im Nachhinein als Glücksfall heraus. Um die frühe Uhrzeit hatten wir die Insel noch fast für uns alleine. Ocracoke ist die südlichst bewohnte Insel der Outer Banks und kann nur mit Fähre, Privatboot oder Privatflugzeug erreicht werden. Die gesamte Insel, bis auf das *Village of Ocracoke* and einige andere Gebiete, ist Eigentum des *Cape Hatteras National Seashore*. Ocracoke besitzt ein unglaubliches Südseeflair. Die einzige "Stadt" der Insel - das *Village of Ocracoke* - ist um einen kleinen geschützten Hafen mit dem Namen *Silver Lake* herumgruppiert und am breitesten Bereich der Insel angesiedelt, geschützt gegenüber dem

Atlantischen Ozean durch Sanddünen und Salzmarsch. In der „Stadt" sind schmucke Häuser in noch schmuckeren Gärten, voll von sonnenliebenden Pflanzen und hin und wieder Palmen zu finden. Da die durchschnittliche Höhe der Insel nur fünf Fuß über dem Meeresspiegel beträgt, sind viele Häuser auf Pfählen oder Erdanhäufungen gebaut. Trotz der „Größe" der Stadt sind viele zentrale Einrichtungen, wie beispielsweise eine Schule, eine Bibliothek oder eine medizinische Einrichtung zu finden. Neben dieser einzigen Ansiedlung bietet die Insel weite, fast menschenleere Strände gepudert mit feinem Sand – meilenlang. Insgesamt ist die Insel 16 Meilen lang. Am besten leiht man sich ein Fahrrad aus und erkundet die Insel per Rad. Da wir aber leider nur einen Tag auf der Insel verbrachten, entschieden wir uns beim Auto zu bleiben. Verfahren konnten wir uns nicht, denn es gibt genau eine Verbindungsstrasse auf der Insel, die NC12. Diese verläuft in nord-südlicher Richtung. Wir entdeckten auf unserem Streifzug wunderbare Ecken der Insel und wanderten eini-

Von der Terasse sind es nur wenige Meter bis zum Meer.

ge Stunden am Strand entlang. Nachmittags machten wir uns auf zum nächsten Fährhafen am nördlichen Ende der Insel. Diese Fähre, welche wie die meisten Fährverbindungen kostenlos war, brachte uns zur Insel Hatteras. Diesmal waren wir 40 Minuten unterwegs. Auf Hatteras besichtigten wir den Leuchtturm *Cape Hatteras Lighthouse*.

Die Leuchttürme der Outer Banks sind jeder für sich eine Reise wert. Diese beiden hier sind wunderbare Beispiele dafür.

Hatteras Island

Ocracoke

Auch auf Hatteras bot sich uns Südseecharme. Allerdings war hier zu spüren, dass diese Insel durch eine Brücke mit dem Festland verbunden ist. Es gab mehr Verkehrsaufkommen und auch die Wohnhäuser waren deutlich größer. Von Hatteras ging es weiter in nördlicher Richtung nach Bodie Island. Hier stoppten wir in der Nähe von Nags Head. Uns hatte es die größte Sanddüne der Ostküste der USA angetan. Sie ist Teil des *Jockeys Ridge State Park* und wird gerne von Paraglidern als Startplatz genutzt. Wir genossen den Wind, den Sand und die Weite, während wir auf der Düne entlangwanderten.

Danach ging es weiter zum Wright Brothers National Monument. Die Wright Brothers haben am 17. Dezember 1903 auf den Outer Banks in den der Stadt Kitty Hawk nahen Sanddünen genannt *Kill Devil Hills* ihren ersten Flug in einem Gerät, das schwerer als Luft war, bestritten. Dies ist unter anderem interessant, da North Carolina auf dem Autonummerschild den Spruch „*First in Flight*" hat.

Kill Devil Hills - Dune   „First in Flight"

Leider hatten wir an diesem Tag keine Zeit mehr für eine Museumsbesichtigung. Daher hielten wir nur kurz für ein Abendessen an und machten uns gegen 8 Uhr *pm* auf den Weg zurück nach Raleigh.

Da die Outer Banks aber ungeschlagen auf Platz eins meiner Reiseziele waren, habe ich die Inseln natürlich noch des Öfteren aufgesucht.

Die Great Smoky Mountains – Blue Ridge Parkway

Wenn man schon mal in North Carolina weilt und das

auch länger als ein Jahr, dann sollte man wenigstens einmal in den *Great Smoky Mountains* gewesen sein. Soweit die Theorie.

Ich habe es gerade noch geschafft. Eine Woche bevor ich zurück nach Deutschland flog, machte ich mich spontan in die Berge auf. Da es schon Oktober war, war die Zeit des langen Sonnenscheins zwar bereits vorbei, aber ich wollte mir die Gelegenheit, *Cherokee* und die *Great Smoky Mountains* zu besuchen, nicht entgehen lassen.

Ich setzte mich also ins Auto und benötigte ca. fünf Stunden für die Fahrt von Raleigh über Winston-Salem Richtung Asheville weiter nach Cherokee. Dort checkte ich erst einmal in ein Hotel ein, so dass ich in Ruhe den

Eddie Bushyhead im seven-sided council house

restlichen Tag genießen konnte. Mein erster Anlaufpunkt in Cherokee war Oconaluftee – ein Indian Village aus dem 18. Jahrhundert. Hier wird man zwei Jahrhunderte zurückversetzt – man riecht offenes Feuer, traditionell gekleidete *Native Americans* arbeiten unter freiem Himmel an Webstühlen, schnitzen oder geben einen Einblick in das Leben und Wirken der *Native Americans*. Die Cherokee sind heute das grösste Indianervolk Nordamerikas. Sie sind auch die einzigen *Native Americans*, die eine

47

eigene Silbenschrift entwickelt haben. Ihr Siedlungsgebiet war ursprünglich das Gebiet des Ohio Rivers, bis in die heutigen US - Bundesstaaten Georgia und Alabama. Heute lebt die Mehrheit in Oklahoma und North Carolina. In Oconaluftee wird neben dem Eintauchen in die Vergangenheit über ihr heutiges Leben erzählt, es werden Fragen beantwortet und Diskussionen sind ausdrücklich erwünscht. Ein besonderer Ort für diese Informationsveranstaltung ist das *seven-sided council house*. Besonders weil es ein Relikt aus früherer Zeit ist und meist einen geweihten Platz beinhaltet. Ein Councilhaus, wie es in jedem Cherokee-Dorf zu finden ist, hat an seinen Seiten insgesamt sieben Bänke aufgereiht. Jede Bank ist einem der sieben Clans zugewiesen:

Blue (in Cherokee-Sprache: A NI SA HO NI): Die Mitglieder dieses Clans fertigten spezielle Medizin aus einer blaublühenden Pflanze, um die Kinder gesund zu erhalten. Der Clan ist auch bekannt als Panther- oder Wildkatzenclan.

Long Hair (in Cherokee-Sprache: A NI GI LO HI), auch bekannt unter dem Namen "*The Twister, Hair Hanging Down oder Wind Clan*". Sie fallen auf durch ihre aufwendigen Frisuren. Ihr Gang zeugt von Stolz. Friedens-Häuptlinge entstammten meist diesem Clan.

Bird (in Cherokee-Sprache: A NI TSI S KWA): Seine Mitglieder sind geschickte Vogeljäger, sie benutzen dazu

Blasrohr und Schlingen. Sie könnten in früherer Zeit die Botenrolle innegehabt haben, wie es für Vögel in vielen Cherokee Legenden der Fall ist.

Paint (in Cherokee-Sprache: A NI WO DI): Sie stellten rote Farbe her und fungierten als Heiler und Medizinmänner. Außerdem bereiteten sie Tee für Dampftherapien - für alle möglichen Beschwerden.

Deer (in Cherokee-Sprache: A NI KA WI): Die Bewahrer des Hirschen. Sie sind bekannt für ihre Schnelligkeit und ihren Erfolg als Hirschjäger.

Wild Potato (in Cherokee-Sprache: A NI GA TO GE WI): Sammler der wilden Kartoffeln in den Sümpfen entlang der Flüsse. Auch bekannt unter den Namen "*Bear, Raccoon, or Blind Savannah Clan*".

Wolf (in Cherokee-Sprache: A NI WA YAH): Der größte und bekannteste Clan. Die meisten Kriegshäuptlinge entstammen diesem Clan. Außerdem sind sie die einzigen, denen die Jagd auf den Wolf erlaubt ist.

Nach dem Besuch des Dorfes ging es zum *Qualla Arts and Craft Center*. Hier informierte ich mich in einer Ausstellung zum Thema Cherokee und war überwältigt von den wunderschönen Kunstwerken, die von den Cherokees gefertigt werden. In einem Shop können manche Kunstwerke erstanden werden. Hier sah ich zum ersten Mal einen *dreamcatcher*. Dieses Kunstwerk hängt man über das Bett. Es sieht aus wie ein Spinnennetz, an den Seiten hängen zusätzlich Federn herab. In der Mitte des Netzes ist ein kleines Loch ausgespart. Durch dieses schlüpfen die guten Träume, die schlechten bleiben im Netz hängen. So wird der Schlaf der darunter liegenden Person geschützt.

Vom Center ging es weiter zum nahe gelegenen Volksfest. Ich war glücklicherweise gerade zu dem Zeitpunkt in Cherokee, als dort das Cherokeevolksfest gefeiert wurde. Zudem fanden auf demselben Gelände neben dem Volksfest verschiedene Konzerte statt. So begab ich mich zur Aussentribüne. Diese füllte sich immer mehr – je näher der Abend rückte - und schließlich wurde der Stargast des Abends angekündigt – Lifefoot. Ein in den USA sehr bekannter Rapper und zugleich Cherokee. Die Menge sprang auf und schrie und brüllte und tobte. Auf der Bühne ging die Show ab und wer konnte, tanzte mit. Neben mir war ein Pärchen, welches mich im Laufe des Abends mit vielen Informationen über die Cherokee versorgte. So erklärten sie mir auch, dass die Tanzschritte von Lifefoot sehr häufig Tänzen entstammten, welche die Cherokee tatsächlich heute noch tanzen. Daher konnten viele der Zuschauer auch die kompliziertesten Schritte mittanzen, bei deren Hinsehen ich nicht nur instantan Knoten in meinen Augen sondern auch in meinen Füßen verspürte.

Beim Betrachten der Menge fiel mir immer wieder auf, dass viele ein blaues und ein oranges VIP-Bändchen an ihren Armen trugen. Das blaue Band, so wurde mir erklärt, zeigt den anderen Besuchern des Volksfestes,

50

dass der Träger ein Cherokee ist. Dafür muss dieser am Eingang zum Volksfest seinen Cherokee-Ausweis vorlegen. Ich wollte natürlich wissen, wie es bestimmt wird, welche Person ein Cherokee ist und welche nicht. Die Bestimmung wird, kurz nachdem ein Kind geboren ist, durchgeführt. Dem Baby wird Blut abgenommen, dieses wird untersucht und enthält es zu einem Sechzehntel Cherokeeblut, gilt der Spender als *Native American*. Von den ca. 300.000 Cherokee sind nur etwa 15.000 „Vollblutindianer", wie mir von meinen neuen Bekannten mit Bedauern in der Stimme mitgeteilt wurde. Die Zugehörigkeit zu den Cherokee wird in einer ID-Karte festgehalten. Das orange Band erhielten nur nachgewiesene *Native Americans* und es erlaubte ihnen, kostenlos auf der *Fair* zu essen. Das orange Band konnten die Träger allerdings nur einmal während der Dauer der *Fair* benutzen, danach wurde es abgeschnitten. Daher sah ich Cherokees mit orangem Band und ohne. Das Konzert von Lifefoot war währenddessen in vollem Gange und kam nach einem grandiosen Song zu einem fulminanten Ende. Kurz darauf fuhr ich zurück ins Hotel, denn am nächsten Tag wollte ich früh in den *Blue Ridge Parkway* starten. Ich hatte nämlich gelesen, dass sich dieser *America's Favorite Drive* 469 Meilen durch Bergwiesen und vorbei an unglaublichen Ausblicken windet. An jeder Einfahrt in den *Blue Ridge Parkway* sind die Hinweise *North* und *South* zu finden. Der *Parkway* Richtung *North* führt in den *Shenandoah National Park* und *South* leitet zum *Great Smoky Mountains National Park*. Der *Blue Ridge Parkway* verbindet damit den *Shenandoah National Park* in Virginia mit dem *Great Smoky Mountains National Park* in North Carolina. Die Arbeit am Parkway war eine Art Depressionsära-Arbeitsprojekt in den 1930ern. Es dauerte allerdings mehr als ein halbes Jahrhundert, bevor es fertiggestellt werden konnte.

Ich war gespannt und nach dem Frühstück ging es los, aber es nahm doch einige Zeit in Anspruch, bis ich endlich einen Eingang in den *Blue Ridge Parkway* gefunden hatte. An der Straße sah ich ein Schild, welches riet, bei Schnee, Eis und Nebel nicht in den *Parkway* einzufahren. Und wie es so ist, es war neblig - ich sah kaum 10 Meter weit. Ich überlegte hin und her und entschloss mich, zur nächsten möglichen *Parkway*-einfahrt auf der normalen Straße weiterzufahren, in der Hoffnung, dass sich der Nebel mehr oder weniger auflöste. Der Nebelvorhang lichtete sich tatsächlich über die nächste Stunde etwas, so dass ich beschloss, den *Parkway* doch zu probieren. Leider hatte ich im Ganzen nur einige Teilstücke, die wirklich nebelfrei waren und von denen mein Blick weit über die *Smoky Mountains* reichen konnte. Aber schon das war beeindruckend.

Auch meine Begegnung mit einem wilden Truthahn auf dem Parkway werde ich nicht vergessen. Dieser Truthahn hatte nämlich beschlossen, mein Auto als eine Art Mitfahrgelegenheit zu sehen. Wir haben uns im Endeffekt doch noch geeinigt und ich konnte meinen Weg alleine fortsetzen. Und weil ich schon mal in der Gegend war, beschloss ich, auch dem *Grandfather Montain* einen Besuch abzustatten. Die original Cherokee

Bezeichnung für den Berg ist „Tanawha", was soviel wie fabelhafter Falke oder Adler bedeutet. Pioniere haben ihn in Großvater (= *Grandfather*) umbenannt, da sie in einer der Bergfelsen das Gesicht eines alten Mannes erkannt zu haben meinten. Mit viel Phantasie ist es immer noch zu sehen. Der Berg ist zwar in Privatbesitz, jedoch für die Öffentlichkeit zugänglich. Ich wollte zur *Swinging Bridge* auf dem Gipfel: Die Hängebrücke ist 228 Fuß (ca. 70m) lang und überspannt eine 80 Fuß weite Kluft (ca. 25m). Es ist die höchste Swinging Bridge ganz Amerikas, gebaut 1952, renoviert 1999. Sie liegt mehr als eine Meile (ca. 1600m Höhe) über Meereshöhe. Soweit die Fakten.

Unter mir war also nichts weiter als Luft – und ich auf einer freischwingenden Brücke… Allerdings habe ich nicht viel von der Tiefe gesehen, da alles voller Nebel war. „Ist das nun gut oder schecht?" fragte ich mich. Je

nachdem…, da ich nicht sah, wohin mich die Brücke brachte – das Ende lag ja dementsprechend ebenfalls im Nebel.

Also setzte ich meinen Fuss auf eine freischwingende Brücke, ohne zu erahnen, wohin sie mich

Grandfather Mountain

eigentlich führen würde. „Hat auch was für sich" dachte ich mir... Ich begab mich also ins Nichts, tappte vorwärts im Nebel und war schon gespannt was mich erwartet und ob ich am anderen Ende überhaupt was sehen würde. Auf der anderen Seite der Brücke hatte ich tatsächlich etwas Sicht. Und die Landschaft zeigte sich mir zwar karg und unwirtlich, aber mit eigentümlicher rauer Schönheit. Ich genoss die Stille um mich herum. Nach einiger Zeit wurde es aber leider zu kalt und die Nässe kroch in die Glieder. So ging es über die Brücke wieder zurück in die Zivilisation. 15 Minuten später war ich am Auto und machte mich auf den Weg - vom *Grandfather Mountain* nach Raleigh. Zu Hause angekommen blickte ich von meinem Balkon auf den See vor meinem Appartment und erinnerte mich an den Abend vorher: Den *Great Smoky Mountains* wird nachgesagt, sie schimmern gegen Abend blau. Und sie haben ihren Namen zurecht verdient. Gegen Abend schimmern die Berge wirklich in tiefem Blau.

Ein unvergessliches Wochenende

Es begann damit, dass ich an einem Freitag abend vollkommen abgehetzt nach Hause kam. Ich wollte also nur noch raus aus meinen Arbeitsklamotten und rein in die Rollerblades und mir den Stress von der Seele fahren. Also warf ich alles aufs Bett, schlüpfte in die Stiefel und düste los. Verschwitzt stieg ich eine Stunde später unter die Dusche. Ein bisschen relaxter rief ich danach einen

Freund an. Wir hatten vereinbart uns mit unseren Freunden im *Flying Saucer* zu treffen. Das ist eine Bar, in der es mehrere 100 Biersorten gibt, unter anderem auch Spaten Oktoberfestbier. Die Wände des Pubs sind über und über mit Untertassen und Tellern geschmückt – daher auch der Name, wie mir schnell klar wurde. An der oberen Wandkante unterhalb der Decke, sind in Reih und Glied immer die gleichen Untertassen aufgehängt, alle zeigen einen eingravierten Namen. Auf Nachfrage wurde mir erklärt, dass es sich hierbei um die Namen derjenigen Personen handelt, die alle! Biersorten des Pubs durchprobiert hatten. Es waren mehr als 100. Und man darf pro Besuch nur drei Sorten trinken. Ich war schwer beeindruckt. Wir saßen zu acht an einem Tisch und unterhielten uns super gut. Nach ungefähr 2 Stunden schlugen meine Freunde vor noch in einen anderen Club zu gehen. Genauer gesagt in einen *Country Club* mit *Cowboys* und *Bullriding*. Ich überlegte kurz, da ich am nächsten Morgen sehr früh aufstehen musste, aber dann siegte die Neugierde. Wir vereinbarten, wer fahren sollte, stiegen in die Autos und machten uns auf Richtung *Country Club*. Am Eingang angekommen erhielt ich erst mal ein Band um mein Handgelenk, dann ging es weiter zur Kasse. Hier war nur Cash erlaubt, was mich verwunderte, da die Amerikaner sonst alles, aber auch wirklich alles, selbst die Zeitung für 40 Cent mit Karte bezahlen. Ich kratzte meine letzten Dollars zusammen und überreichte sieben einzelne Dollarscheine. Nun durfte ich eintreten. Der Club bestand aus einem Raum mit einer Galerie, die über zwei Seiten des Saales verlief.

Es waren drinnen ungefähr so viele Türsteher wie Besucher, erkennbar an ihren roten T-Shirts. In der Mitte des Clubs war eine Tanzfläche, rechts davon mehrere Theken, an denen man sein Getränk bestellen konnte (hier war Kartenzahlung wiederum möglich) und linker Hand war eine riesige Fläche mit Weichbodenmatte und einem mechanischen Bullen in der Mitte zum *Bullriding*. Die Musik war eine Mischung aus Countrymusik, Soft und Heavy Metal. Kurz nachdem wir ankommen waren, begann auch schon das Schauspiel. Immer wieder entschieden sich Leute, sich auf den Bullen zu setzen und ihre Künste auszuprobieren. Manche hielten sich unglaublich gut und ernteten lauten Applaus vom Publikum, andere waren der Gegenstand spontaner Heiterkeitsausbrüche. So eine Frau, die sich auf den Bullen setzte, das Gleichgewicht verlor und ohne dass sich der Bulle einmal bewegt hätte, in Zeitlupe über seinen Kopf auf die Weichbodenmatte fiel. Sie musste selbst sehr viel über ihre kuriose Darbietung lachen. Auch war es möglich, dass 2 Leute gleichzeitig auf dem Bullen ritten. Das war immer besonders spannend anzusehen, da der eine meist den anderen zu Boden riss. Vor dem Aufstieg auf den Bullen war es für die Bezwinger allerdings Pflicht ein Formblatt auszufüllen, welches die Veranstalter von jeglicher Haftung befreite.

Auf der Tanzfläche bewegte sich indes die Masse beständig zur Musik. Neben „normal" gekleideten Personen waren auch Cowboys unter das Volk gemischt: Ausstaffiert mit Cowboyhut, Jeans oder Lederhose, Hemd und Cowboystiefeln. Einer dieser Cowboys trug ein weißes Hemd mit Stickerei. Als er eine Frau aus unserer Gruppe zum Tanzen aufforderte, konnte ich lesen, was darauf gestickt war. Es handelte sich bei diesem Mann um einen Anwerber der Army. Mir wurde erklärt, dass diese Anwerber am Abend in die Clubs gehen und Leute für die Army werben. Sie sind vollendete Gentlemen den Frauen gegenüber und treten doch als harte Männer auf.

Leider verflog die Zeit in dem Club viel zu schnell - um 2pm schloss der Club, wie die meisten Lokalitäten in der Stadt. Da wir aber noch nicht müde waren, machten wir uns auf in das einzige Cafe, das um diese Zeit noch geöffnet hatte. Wir gingen zum Frühstücken. Der Laden war voll, richtig voll. Und als wir unsere Personenanzahl angaben, begann erst einmal hektisches Stühle- und Tischerücken. Es muss an der Rezeption gewartet werden, bis man zu einem freien Tisch gebracht wird – genannt „*wait until you are seated*". Schließlich war es vollbracht. Sie hatten Platz für neun weitere Personen geschaffen. Sofort ging es ans Bestellen. Die Küche und die Bedienungen waren unglaublich schnell. Ich entschied mich für einen Kakao. Leider vergaß ich zu sagen, dass ich gerne warme Milch hätte. So wurde mir eiskalte Milch serviert. Bei regnerischen kaltem Wetter genau das richtige… Wir saßen also in dem Cafe und kamen so im Laufe unseres Gespräches auch auf die Themen Politik und Religion. Bis auf zwei Personen in unserer Gruppe stammten alle aus Deutschland. Die beiden Amerikaner erzählten uns von ihren Ansichten, sie meinten aber auch, dass es besser für uns wäre, in

Amerika weder von Politik noch von Religion zu sprechen, da es doch einige Amerikaner gäbe, die unsere Ansichten einfach nicht verstehen würden. Sie wiesen darauf hin, dass es sowohl solche als auch solche Amerikaner gibt, aber man leider nicht wisse, auf welchen Typ man in einer Diskussion treffe. Um kurz vor 4pm waren wir fertig mit frühstücken und gingen zu unseren Autos zurück. Um 4.30pm kam ich müde zu Hause an. Dort stellte ich mir den Wecker auf 8.15am, denn ich hatte ja vor das Footballspiel am nächsten Tag zu sehen. Da aber gleichzeitig neben dem *Carter-Finley-Stadium*, in dem das Footballspiel stattfand, die *State Fair*, das größte Volksfest North Carolinas logierte, war es unumgänglich, bereits um 9am loszufahren um ein Zwölfuhrspiel sehen zu können. Obwohl ich in der Stadt wohnte, in der auch das Footballspiel stattfand.

Um kurz nach 9 Uhr setzte ich mich ins Auto und fuhr Richtung *Carter-Finley Stadium*. Nichtsahnend der Dinge, die da noch kommen würden. Fünf Meilen vor dem Stadion wurde der Verkehr zähflüssig und kurze Zeit später ging nichts mehr. Später hörte ich im Radio, dass 95.000 Personen zur State Fair unterwegs waren und ungefähr noch einmal soviel zum Spiel wollten. Und da Amerikaner grundsätzlich mit dem Auto fahren (was ich mittlerweile auch verstehen kann) und dann auch meist nur alleine im Auto sitzen, war das Chaos perfekt. Und ich passte gut dazu. Ich war mit dem Auto unterwegs und auch alleine… Die Polizei leitete mittlerweile den Verkehr, Straßen waren gesperrt und es war ein heilloses Durcheinander. Ich hatte mir am Tag vorher zwar schon mal die Umgebung angesehen, damit ich wusste, wohin ich musste. Aber das hätte ich mir sparen können. Nachdem komplette Straßenzüge gesperrt waren, war nichts mehr so wie vorher. Ich stieg also aus meinem Auto aus, das sowieso mitten im Stau stand und ging zu einem der Polizisten mit der Frage, wo ich denn parken könne. Die Frage, die alle Leute in den Autos bewegte. Nur schienen die sich auszukennen. Es gab schon unglaublich viele Parkplätze, aber die waren vorgemerkt für Personen, die ein Ticket dafür hatten – also nicht für mich. Für andere Parkplätze wäre man mit $10 und mehr dabei gewesen. Der Polizist war überaus freundlich und holte seinen Kollegen. Auf der Festkarte (das ist eine extra Karte für die NC State Fair + Umgebung mit allen gesperrten Straßen) zeigten sie mir dann eine Straße, in der ich eigentlich einen Parkplatz finden sollte. So war es dann auch. Ich aber hatte nach meinem erfolgreichen Einparken keine Ahnung, in welcher Richtung es nun eigentlich zum Stadion ging. Ich wusste nur soviel, dass ich zu Gate 4 musste. Also marschierte ich los. Die nächste Polizisteninformations-quelle wurde angezapft und mir wurde wiederum sehr freundlich der Weg erklärt. Nach weiterem Nachfragen und 3 Meilen laufen stand ich dann vor Gate 4. Dahinter ein kleines Riesenrad. Hm, das schien das Gate 4 zur State Fair zu sein, aber nicht zum *Carter Finley Stadium*. Mittlerweile war es 11 Uhr und ich immer noch auf der Suche. Ich dachte mir, „Mann so ein Stadion kann doch nicht einfach verschwinden!". Aber mit all den Geräten auf der State Fair war es irgendwie untergetaucht. Ich wurde weitergeschickt und endlich sah ich es vor mir auftauchen. Nun war nur noch die Frage, rechts herum um das Stadion oder links herum zu Gate 4. Ich wählte die richtige Richtung und stand dann recht schnell vor dem Ticket Office. Dort sagte ich meinen Namen, erhielt mein Ticket und war glücklich. Da es schon 11.30 Uhr war und das Spiel um 12 Uhr beginnen sollte, machte ich mich erneut auf den Weg, diesmal zum Eingang. Es gab an diesem Gate 4 auch insgesamt fünf Eingänge, ich wählte den mir nächst geöffneten. Er sah auch nicht anders aus als die anderen. Als ich allerdings durchgehen wollte hielt mich ein Ordner auf und meinte, der sei für VIP Leute, ich müsse den nächsten nehmen. Ich also fünf Meter zurück, zwei Meter links und wieder fünf Meter vor. Und dort durfte ich dann durchgehen.

Der Wolf ist das Zeichen von NC State.

Im Inneren begrüsste mich eine mannshohe Wolfstatue.

Der Wolf ist das Zeichen von NC State, der Universität in Raleigh. Daher ist der Name des Footballteams auch Wolfpack. Ich begab mich Richtung Spielfeld und stand plötzlich am Rand der Tribüne. Am oberen Rand. Es ging steil die Stufen nach unten. Und dort öffnete sich ein Riesenspielfeld. Ich war sprachlos.

NC State College Footballstadium „Wolfpack" Raleigh

Es war grandios und ich war mittendrin. In der dem Wochenende folgenden Woche erfuhr ich, dass der Besuch des Footballspieles keineswegs selbstverständlich war. Normalerweise konnten die Spiele nur von Dauerkartenbesitzern besucht werden. Ich hatte aber -

keine Ahnung von dieser Regelung - im Internet nach einer Kartenbestellung gesucht. Nachdem ich nicht so direkt fündig geworden war, rief ich einfach bei NC State an und erkundigte mich. Ich wurde verbunden und verbunden und verbunden und landete schließlich im Ticket Office. Dort wurde mir freundlich erklärt, auf was für einen *Button* ich am Bildschirm zu klicken hatte. Da ich aber keinen Zugang zu dem Ganzen hatte, weil ich ja weder Alumnus (= Absolvent) von NC State bin, noch Dauerkartenbesitzer, noch Familienmitglied eines Spielers, war auch die ganze Buttonpresserei ziemlich fruchtlos. Ich war also enttäuscht und erklärte dem Menschen am Telefon, dass ich gerade mal 3 Wochen in North Carolina sei, aus Deutschland käme und super gerne ein Spiel sehen würde. Er meinte daraufhin: Also wenn das so ist, dann mache ich eine Ausnahme und verkaufe an sie am Telefon eine Karte. Ich nahm das Angebot natürlich sofort an und er verkaufte mir eine 200$ Karte für 40$. Der Mann ist bis heute mein ungeschlagener Held! Mein Platz war fast zwischen den Spielern. Für mich eine riesige Freude. Ins Staunen kam ich erst, als mir wie gesagt, in der Woche später von Kollegen erklärt wurde, dass selbst Alumni von NC State keine Karten mehr für das Spiel erhalten hätten…

Ich war also mittendrin. Die Show fing an und es muss wirklich gesagt werden: Show. Denn das Spiel begann noch lange nicht. Zuerst kamen die Musikkapellen der beiden Mannschaften und heizten das Publikum an. Diese Musikkapellen können gut und gerne aus über 100 Personen bestehen. Sie spielen nicht einfach nur Musik, sondern führen dazu auch eine komplette Performance auf. Begleitet werden sie von den Cheerleadern. Diese Gruppe besteht aus Frauen und Männern, entgegen manchen Filmen, die man aus Amerika kennt. Nach mehreren Darbietungen stimmte die Musikkapelle von NC State die amerikanische Nationalhymne an. Alle Zuschauer erhoben sich von ihren Plätzen und sangen mit. Das hört sich schon beeindruckend an, wenn plötzlich über 90.000 Personen zu singen beginnen. Danach erfolgte der Einlauf der Spieler. Sie hatten sich zwar vorher schon auf dem Spielfeld warm gemacht, waren aber bei Beginn der Musikdarbietungen in den Ka-

Das Footballtor

takomben verschwunden. Als das Spiel begann, fiel mir siedendheiß auf: Ich hatte einen gigantischen Platz und war wahrscheinlich die Einzige in dem ganzen Stadion mit so einem Platz und Null Ahnung von Footballregeln… außer derjenigen, dass eine Mannschaft den eiförmigen Ball in den gegnerischen Bereich bringen musste.

Im Laufe der ersten Halbzeit wurden mir dann doch einige Spielregeln klar, was es allerdings mit den Zeiten und den bunten Fähnchen auf sich hatte, war mir schleierhaft. Ich wandte meine Aufmerksamkeit wieder dem Spiel und den Cheerleadern zu. Letztere interagierten mit dem Publikum. So hielten sie beispielsweise der einen Tribünenseite Plakate mit *Wolf* und im Anschluss daran der anderen Seite mit *Pack* hin. Auf diese Weise reagierte die eine Zuschauerseite des Stadions auf die andere und die Mannschaften wurden lautstark mit ihrem Teamnamen angefeuert. Was mich weiterhin beeindruckte, war, dass es absolut keinen Alkohohl im Stadion zu kaufen gab. Das Aggressivitäts-potential wird dadurch niedrig gehalten und man hegt auch keinerlei Befürchtungen, betrunkenen Fans zu begegnen. Das sei bei allen Collegespielen der Fall, wurde mir später erklärt. In der Halbzeitpause traf ich mich mit einem Freund und der konnte mir dann auch die restlichen Spielregeln erklären. Es werden also vier Quarters gespielt. Zwei in jeder Halbzeit. Ein Quarter beträgt 15 Minuten. Das hört sich alles gar nicht viel und lange an. Nachdem jedoch immer wieder Auszeiten genommen werden, die Uhr für eine Reformierung des Teams und Neuorientierung der Mannschaften angehalten wird, kann sich so ein Footballspiel gerne über vier Stunden hinziehen. Sobald eine Mannschaft den Ball in Besitz hat, versucht sie in die Nähe der gegnerischen *Touchdown*linie zu kommen. Jedes Team hat sieben Möglichkeiten nach vorne zu rücken. Im Ballbesitz bleiben sie dann, wenn derjenige Spieler, der den Ball in seinem Besitz hält, nach seinem zu-Fall-Bringen durch die gegnerische Mannschaft den Ball immer noch in seinem Besitz hat. Verliert eine Mannschaft den Ball und erwischt ihn die gegnerische Mannschaft, dann beginnt die Zählung der sieben Möglichkeiten von vorne und die Mannschaften rücken in die gegnerische Richtung vor. Falls nun diese sieben Möglichkeiten ausgeschöpft wurden oder der Mannschaft klar wird, dass sie in der ihr verbleibenden Zeit keinen entscheidenden Vorstoß mehr machen kann, kann sie sich dafür entscheiden, von dem Punkt, an dem sie sich gerade befindet, den Ball über die hohe Latte des Tores zu schießen. Falls sie es erreicht, erhält sie drei Punkte. Für einen *Touchdown* bekommen sie sechs Punkte und falls danach noch der Ball über die Latte geht einen weiteren Punkt. Dies waren nun die Footballregeln in Kurzfassung. Es gibt natürlich noch 1000 weitere Regeln und Ausnahmen, aber diese Zusammenfassung reicht, um einem Spiel einigermaßen folgen zu können. Das Spiel zwischen NC State und Wake Forest hätte im Grunde nicht spannender sein können. In den letzten 20 Sekunden bot sich NC State noch einmal die Möglichkeit die Partie für sich zu entscheiden. Was allerdings nicht gelang und so ergab sich ein Endstand von 25:23 für Wake Forest.

Nach dieser energiegeladenen, kräftezehrenden Partie hatte ich Hunger und da die *NC State Fair* ja neben dem Stadion in vollem Gange war, beschloss ich, dieser auch noch einen Besuch abzustatten. In Amerika ist es nicht so wie in Deutschland, dass man einfach auf das Oktoberfest oder irgendein anderes Volksfest geht. Hier hat man am Eingang für den Eintritt zu bezahlen, wie es ja auch schon bei dem Volksfest neben dem Highway 41 der Fall war. Und auch auf der NC State Fair wird keinerlei Alkohol ausgeschenkt.

Das erste, was mir beim Betreten des Geländes auffiel,

war die Unmenge an Essensständen, die sich Bude an Bude die Wege entlangschlängelten. Es gab alles was man sich nur denken kann, einschliesslich Gyros, *great turkey legs, funnel cakes* und *fried coke*.

Den Beinamen *Fair* erhält ein Volksfest dann, wenn es nicht nur Essensstände und Fahrgeschäfte gibt, sondern auch Ausstellungen mit allen möglichen Tieren, sowie Bilderausstellungen, Ausstellungen mit *Handicraft* und ein *Village of Yesteryear*. In letzterem zeigen die Aussteller ihr Handwerk, wie Glasbläserei, Schnitzerei, Klöppeln oder Weben. Für mich alles Dinge, die mir geläufig sind. Nicht so für Amerikaner. Sie gerieten beim Anblick eines Webstuhls in Exstase. Voller Freude drehten sie sich zu mir um und fragten mich, ob ich so was schon jemals gesehen hätte. Ich konnte leider nichts anderes antworten als: Ja… Ich wollte zwar kein Spielverderber sein, aber auch die nächsten Antworten auf ihre Fragen lauteten immer nur Ja.

Auf einer *Fair* sind zudem alle möglichen Tierarten zu finden, von Kaninchen und Hasen, über Ziegen, Schafe, Schweine, Kühe bis hin zu Gockeln, Truthähnen und Enten. Jedes dieser Tiere wird von seinem Besitzer angemeldet und nimmt an einem Wettbewerb teil. Von einer Jury werden die schönsten und prächtigsten Tiere zu den Siegern erklärt und erhalten ihr Prädikatsband. Während der *Fair* werden die Tiere weiterverkauft und für einen 1. Platz-Stier können gut und gerne an die $20.000 gezahlt werden. *State Fair* übrigens aus dem Grund, weil zu dieser *Fair* Leute aus dem ganzen Staat kommen und Tiere und Produkte anpreisen. *NC State*

Fair weil es sich um die *State Fair* von North Carolina handelte.

Auf der *NC State Fair* hatte ich auch die Möglichkeit, ein *Mobile Home* von innen zu sehen. Von außen schauen die Häuser ja nicht gerade einladend aus. Sie wirken motivationslos mit ihrer rechteckigen einfachen Form und den häufig in Erdtönen oder Grau gehaltenen Außenwänden. Innen aber eröffnet sich eine Welt, die einen Staunen lässt. Es gibt neben einem offenen Kamin auch ein eigenes Bad für die Eltern mit Whirlpool in der Ecke sowie einem Ankleidezimmer. Auch ist Platz für zwei Kinderzimmer mit begehbarem Schrank und Badezimmer sowie mehreren Abstellräumen vorhanden.

Nach ziellosem Treibenlassen auf der Fair kam ich schließlich in den Bereich der Fahrgeschäfte und wie schon einmal erlebt, sahen diese ebenfalls aus, als hätten sie bereits mehr als 30 Jahre auf ihrem Rücken. So ganz vertrauens-erweckend schienen sie mir nicht.

Um kurz nach 8pm entschloss ich mich dann nach Hause zu fahren. Es war ein langer Tag gewesen. Doch was ich wollte, und was ich tun konnte, waren zwei grundsätzlich verschiedene Dinge. Als ich den Volksfestplatz verließ hatte sich mittlerweile eine Menschenschlange von ungefähr einer halben Meile vor den Kassenhäuschen gebildet. Alle wollten auf die *State Fair*. Ich marschierte weiter zu meinem Auto und fuhr los. Die ersten 100 Meter war das auch noch möglich. Danach ging – wie schon auf der Hinfahrt – nichts mehr. Ich saß in meinem Auto, sah mir noch einmal die Bilder auf meiner Kamera an, hörte Radio und harrte der Dinge. Eineinhalb Stunden später war ich schließlich zu Hause. Nach einer wärmenden Dusche verschwand ich im Bett, da ich am nächsten Tag wieder früh raus musste: meine *Roommate* wollte mich mit in die Kirche nehmen.

Beginn war 11 am. Um kurz vor 11 Uhr holte uns der Freund meiner *Roommate* ab und wir fuhren gemeinsam zur Kirche. Dabei handelte es sich um ein ehemaliges Lagerhaus, wie mir meine *Roommate* erklärte. Die Gemeinschaft hatte sich vor ungefähr sechs Jahren gefunden und war innerhalb dieser Zeit so gewaltig angewachsen, dass ein grosses Gebäude nötig wurde. Sie fanden ein ehemaliges *Warehouse* und bauten es um. Nun befinden sich viele Räume für Kinderbetreuung, Spieleabende und eben Gottesdienste in dieser Halle. Vor dem Eingang in den Gottesdienstraum wurden Speisen, wie beispielsweise Cookies oder Kuchenstücke und Getränke, zum Beispiel Tee oder Kaffee kostenlos ausgegeben. Und immer wieder trafen wir auf Leute, die meine *Roommate* und ihren Freund kannten. Wir unterhielten uns und betraten schließlich den Raum, in dem der Gottesdienst stattfinden sollte. An der Eingangstüre stand der Pastor und begrüßte die Ankommenden persönlich. Die meisten davon kannte er mit Namen. Bei dem Raum handelte es sich um einen großen Saal mit vielen Stuhlreihen, einer großen Bühne und einem einfachen Kreuz an der Wand. Auf der Bühne spielte die Kirchenband und eine Frau sang dazu. Die Leinwand dahinter zeigte Bilder und den Text, den die Dame sang. Das heißt, wer wollte konnte einfach mitsingen. Die Lieder waren mitreißend und es herrschte

68

eine Stimmung, die ich noch nie in einer Kirche erlebt hatte. Bis zu diesem Zeitpunkt hatte ich ja immer noch die Vorstellung, jetzt gleich einen mir aus der katholischen oder evangelischen Kirche her bekannten Gottesdienst zu erleben. Meine *Roommate* erklärte mir, dass diese Kirche eine Gemeinschaft sei, die sehr offen miteinander umgeht. Das heißt, es sind Leute aller Konfessionen herzlich willkommen. Aber es ist auch möglich, einen Gottesdienst ausschließlich für eine Konfession zu besuchen. So fand beispielsweise um neun Uhr desselben Tages ein Gottesdienst für Baptisten statt. In der Zusammenkunft, in der ich mich befand, war es durchaus möglich, den Arm um seinen Partner zu legen und mit ihm zusammen die Lieder anzuhören oder mitzusingen. Nach ungefähr 20 Minuten betrat der Pastor die Bühne. Die Band verschwand und die Predigt begann. Ich bezeichne es als Predigt, aber es war eigentlich eine Rede des Pastors an die Gemeinschaft. Mir wurde von meiner Nachbarin erklärt, dass das Jahr in Zyklen eingeteilt wird, in denen jeweils ein Thema besprochen wird. Als ich die Kirche besuchte, ging es um Zitronen und Limonade. Dieses Bild sollte zeigen, dass aus sauren Früchten auch ein süßes Resultat entstehen kann. Der Pastor führte einen Bibeltext an und sprach darüber. Dazu zog er aber immer wieder Beispiele aus der gegenwärtigen realen Welt heran. Das heißt, er befand sich in seiner Rede nicht in einer von allen Anwesenden abgehobenen Welt, sondern verwendete Beispiele, die jedem geläufig waren. Zum besseren Verständnis und wohl auch, damit wir es uns merken und daheim noch einmal nachvollziehen können, erhielt jeder zu Beginn ein Heftchen. Dieses war vergleichbar mit einem Pfarrbrief. Es enthielt Informationen zu zukünftigen Veranstaltungen, Nachrichten, was es an Neuigkeiten gibt, Informationen für Personen, die der Gemeinschaft beitreten wollen und eben auch Auszüge aus der Rede des Pastors. Viele Kirchgänger hatten zudem Stift und Block dabei. Meine Nachbarin erklärte mir, dass die Heftchen immer so dick seien und sie deshalb die wichtigen Sachen in ihr Buch überträgt, so dass sie diese nachlesen kann.

Der Pastor bezog das Publikum in viele seiner Überlegungen mit ein und fragte es nach seiner Meinung. Das gesamte Vorgehen schien mir eher ein Ratschlag, eine Art Lebenshilfe für Situationen zu sein, denn eine Predigt mit erhobenem Zeigefinger. Die Ansprache des Pastors dauerte ungefähr eine Stunde. Danach wurden noch ein paar Lieder gespielt und die Kirche war aus. Die Leute strömten aus dem Saal, trafen sich davor, plauderten miteinander und verabschiedeten sich in den Sonntag Nachmittag.

Wir machten uns auf den Weg in ein hawaiianisches Restaurant. Dort genoß ich ein gigantisches Mittagessen mit einem phänomenal schmeckenden gegrilltem Lachs. Danach brachte mich meine *roommate* zurück nach Hause. Ich zog mich um, da festliche Kleidung nun nicht mehr vonnöten war und setzte mich in mein Auto, um zum Walmart zu fahren: Meine wöchentlichen Einkäufe erledigen. Aufgrund der Öffnungszeiten ist das auch am Sonntag möglich.

Im Walmart irrte ich dann durch die endlosen Gänge, da ich noch nicht sehr vertraut mit der amerikanischen Einrichtung war. So ist Schokolade beispielsweise nicht beim Essen zu finden, sondern hat einen separaten Bereich in der Nähe der Kosmetikartikel. Wo allerdings der Tee gestapelt war, blieb mir lange Zeit verborgen. Ich kurvte also durch die einzelnen Reihen auf der Suche nach den Teebeuteln und da blieb es nicht aus, dass ich immer wieder an denselben Personen meinen Wagen vorbeischob. Einer dieser Walmartbesucher fasste sich schließlich ein Herz und fragte mich, was ich denn suche. Ich meinte daraufhin hoffnungsvoll: „Tee?" Na und dann gingen wir zu zweit auf die Suche. Nach weiteren zehn Minuten wurden wir dann in einem Seitenregal in der Mitte fündig und Waltmartregale sind ja nur 50m lang. Diesem Tee mit Kirschgeschmack habe ich es zu verdanken, einen sehr lieben Menschen kennengelernt zu haben, der im Laufe der Zeit zu einem meiner besten Freunde wurde.

Unsichtbar und doch real - Fort Bragg

In dem Magazin „*Our State*" standen 25 kleine Artikel über „Das, was Sie noch nicht über North Carolina wussten". Hier wurde unter anderem auch Fort Bragg erwähnt. Fort Bragg ist eine Stadt mit einer Ausdehnung von mehr als 138,000 acres (ein acre ist annähernd 0,4 Hektar) und gleichzeitig der größte Militärstützpunkt *landwise* der USA. Das bedeutet, kein anderer Stützpunkt hat eine größere Ausdehung als Fort Bragg. Aufgrund der stationierten Truppenanzahl gilt Fort Bragg zudem als eine der zehn größten Städte des Staates North Carolina. Das Bemerkenswerte an Fort Bragg ist nun, dass es auf keiner Landkarte verzeichnet ist. Auf allen Karten herrscht an dieser Stelle vollkommene Leere. Aus dem Artikel wusste ich aber in welche Richtung ich zu fahren hatte, wollte ich Fort Bragg besuchen: Eines sonnigen Wintertages machte ich mich mit einer Freundin auf nach Fayetteville. Von dort wollten wir den Ausschilderungen nach Fort Bragg folgen. In dem diesbezüglichen Artikel war zudem vermerkt, dass eine Ausweiskontrolle durchgeführt würde. Daher waren wir mit unseren Ausweisen bewaffnet.

In Fayetteville hielten wir uns an die Beschilderung des *visitor center*. Wie erwartet kamen wir an einen Schlagbaum. Der wachhabende Offizier verlangte unsere Ausweise, sah sie kurz an und meinte dann, dass wir hier auf keinen Fall reindürften. Wir sahen uns etwas ratlos an und fragten nach dem Grund. Er meinte, zum Betreten des Geländes bräuchten wir einen DOD-Pass oder eine Person mit einem DOD-Pass, die uns auf das Gelände bringt. „Was um alles in der Welt ist ein DOD-Pass?" wollten wir wissen: Ein *Department of Defense* Ausweis. Diesen Ausweis erhalten Veterans, die Angehörigen von Militärs und die Militärs selber sowie Personen, die im *Department of Defense* arbeiten. Da wir den Ausweis natürlich nicht vorzeigen konnten, wurden wir gebeten wieder umzudrehen und zu fahren.

Da standen wir nun vor dem Tor und überlegten hin und

her, wie wir an eine Person gelangen könnten, die einen DOD-Pass hätte und uns aufs Gelände bringen könnte. Wir zogen sogar kurz in Betracht an der nächsten Bar anzuhalten und nach einem Freiwilligen zu fragen, da es unserer Meinung nach sehr wahrscheinlich war, in der Stadt eher eine Person mit Ausweis denn ohne Ausweis zu finden. Aber da uns die nächstgelegene Kneipe nicht sehr vertrauenserweckend schien, kamen wir schlußendlich von unserer Idee ab und fuhren in Richtung *Airborne and Special Operations Museum*. Das einzige Museum dieser Art in den USA. Dort angekommen holten wir uns erst einmal einen Stadtplan am Museumsinformationsschalter. Ich wollte nun aber genau wissen, was es mit diesem DOD-Pass auf sich hat und bat eine Dame an eben diesem Schalter um Auskunft. Ein weiterer Angestellter kam dazu und schließlich piepsten sie ihren Chef über Funk an. Dieser erklärte uns die Sicherheitsvorschriften von Fort Bragg und wer alles einen DOD-Pass erhielte und dann kam ihnen eine Idee. Die nette Dame sah uns an und meinte: „Ich habe einen Ausweis. Ich kann euch aufs Gelände bringen."

Gesagt, getan.

Wir stiegen zu der Dame ins Auto und fuhren zurück zum Einlasspunkt. Dort wurde von demselben Herrn, der uns vorher abgewiesen hatte, der Ausweis der Dame untersucht und wir durften ohne weiteres auf das Gelände des Militärstützpunktes. Hier erhielten wir von der netten

Dame eine Tour über das Gelände mit detaillierter Erläuterung, was was ist, wo wir uns befänden und warum was wo aufgestellt sei. Alleine im Auto hätten wir uns hoffnungslos verfranst und keine Ahnung gehabt, was wir sehen.

Fort Bragg ist benannt nach General Braxton Bragg, der während des Seminolen-Krieges, des Mexikokrieges sowie des Bürgerkrieges in der Armee diente. 1918 wurde

Fort Bragg: Airborne

das Camp Bragg vom Kongress gegründet, fünf Jahre später in Ford Bragg umgetauft und 1934 begann die Airborne Tradition mit dem ersten militärischen Fallschirmsprung auf dem Gelände. 1952 erhielt Fort Bragg den Hauptsitz der Army Special Forces (Green Baret). Heute ist das Fort das Zuhause des XVIII Airborne Corps und der 82igsten Airborne Division, sowie von tausenden Nichtfallschirmspringertruppen.

In Fort Bragg leben nach Aussage der Museumsmitarbeiterin etwa 34.000 Personen. Fort Bragg ist jedoch auch eine Stadt - eine Stadt mit allen zentralen Einrichtungen, die eine Stadt braucht: Neben unzähligen Einkaufsmöglichkeiten gibt es viele Restaurants, Erholungsgebiete, Ärzte, Reparaturwerkstätten, Museen und Bildungseinrichtungen beispielsweise eine Grundschule sowie mehrere

74

Universitäten usw. Aber es sind eben auch ein Flughafenlandeplatz, viel Übungsgelände für Soldaten und Parkplätze für alle möglichen Arten von fahrbaren Untersätzen zu finden.

Nach 2,5 Stunden und viel neuem Wissen kamen wir wieder am Ausgangspunkt an und fuhren über den Bragg Boulevard zurück zum Museum, wo wir in unser eigenes Auto stiegen und Richtung Fayetteville davonbrausten.

Thanksgiving - **Ein kulinarisches Abenteuer**

Mit diesem Titel würde ich – obwohl *Thanksgiving* mehr ist als nur Essen – trotzdem meine Erfahrungen mit *Thanksgiving* umschreiben. *Thanksgiving* selbst hat mir im Vorfeld viel Kopfzerbrechen bereitet. Insgesamt hatte ich vier Einladungen zu diesem Fest. Aber viermal *Turkey* zu essen, das ging nicht, bei aller Freundschaft.

Also entschied ich mich dafür, den offiziellen *Thanksgiving*tag bei einer amerikanischen Familie zu Hause zu verbringen. Tag eins nach *Thanksgiving* fuhr ich nach South Carolina, um die zweite Einladung anzunehmen. Auch das Wochenende wollte ich dort verbringen.

An *Thanksgiving* ist traditionell die gesamte Familie vereint. Man trifft sich ungefähr um 3pm, setzt sich in der Küche oder dem Wohnzimmer zusammen und tauscht Neuigkeiten aus. Getränke werden serviert und nebenbei werkelt die Dame des Hauses in der Küche und bereitet die Speisen zu. Bei meiner Familie waren es insgesamt 12 Speisen an *Thanksgiving* und alle wurden in etwa gleichzeitig fertig. Um 6pm wurde der Truthahn aus dem Ofen genommen. Die Familie versammelte sich in der Küche und der Herr des Hauses richtete den Truthahn servierfertig an. Voller Vorfreude wurden die Speisen in das Esszimmer getragen und jedem wurde ein Platz zugewiesen. Nach dem Dankesgebet ging es für mich ans Probieren, für den Rest ans Schlemmen. Auch auf die Gefahr hin, dass ich eine Speise nicht mochte, ließ ich mir von allem etwas auf den Teller geben. Ich dachte mir, wenn ich schon einmal die Möglichkeit habe, an einem traditionellen *Thanksgiving*fest teilzunehmen, dann will ich auch alles probieren.

Natürlich gab es etwas, was mir nicht, wirklich überhaupt nicht geschmeckt hat. Aber als guter Gast schien es mir unvermeidlich, auch diese Portion mit einem Lächeln zu verspeisen…

Es handelte sich dabei um *Sweet Potatoes* mit *Marshmallows*. Für den, der es mag, unglaublich lecker, habe ich mir sagen lassen. Ich aber mache in Zukunft einen großen Bogen um diese Speise. Es handelt sich hierbei um eine Art süßen Kartoffelbrei, Farbe orange, dekoriert mit weißen Kugeln aus geschlagenem Hühnereiweiß, Geliermittel, Zucker und Aroma- beziehungsweise Farbstoffen. Später am Abend fragte mich meine Gastgeberin, wie mir denn die *Sweet Potatoes*, das typische Gericht für *Thanksgiving*, geschmeckt hätte. Ich überlegte fieberhaft, wie ich mein – schon bei dem Gedanken an *Sweet Potatoes* aufkommendes Unwohlsein – diplomatisch umschreiben könnte und antwortete: „*It was an interesting experience to taste, but I don't think it is on my favorite list of food.*" Meine Gastgeberin grinste mich an, denn schon meine Umschreibung mit *interesting* sprach für sich und meinte: „*I don't like it either.*" Und da stand ich nun mit meiner Höflichkeit und meinem rebellierendem Magen…

Außer den *Sweet Potatoes* mit *Marshmallows*, wurden zwei verschiedene Arten von *Turkey* (= Truthahn) aufgetischt, einmal das weiße Fleisch aus dem Brustbereich und das etwas dunklere Fleisch von den Seiten – fein säuberlich getrennt auf zwei Servierplatten. Der *Turkey* wird traditionell mit einer Füllung in die Backröhre geschoben. Diese kann sehr unterschiedlich sein, je nachdem, in welcher Region man sich gerade befindet. Die Füllung, die ich probiert habe, war eine Mischung aus Brot, Zwiebeln, Tomaten, Paprika und Pilzen. Desweiteren gab es *smashed potatoes*, also Kartoffelbrei, verschiedene Gemüsebeilagen, wie Karotten oder Brokkoli, eine große Schüssel voll mit *raspberry*-Soße (= Himbeere) für den Truthahn, zwei verschiedene Arten von Salat und zwei Sorten frisches amerikanisches Brötchen. Aber das war noch lange nicht alles. Nach dem Hauptgericht warteten schon die Desserts auf ihre Bestimmung. Hier herrschte die Qual der Wahl zwischen Schokoladenkuchen und einen *Pumpkin Pie* (= Kürbiskuchen), verziert mit viel Sahne. Dazu Tee oder Schokolade oder Kaffee. Nach den kulinarischen Köstlichkeiten ging es zurück ins Wohnzimmer. Dort wurden die obligatorischen Familienfotos geschossen, wie es ebenfalls Tradition an

Thanksgiving ist. Um kurz nach 9pm verabschiedete ich mich. Ich wollte fit sein für die 3,5 stündige Fahrt am nächsten Morgen nach South Carolina.

Der Tag nach *Thanksgiving* ist in ganz Amerika der traditionelle Einkaufstag. Diese Info wurde mir immer wieder gegeben. Ich dachte mir, na ja, Einkaufen ist sowieso das liebste Hobby der Amerikaner. Geht man zum Beispiel am Sonntag in eine Mall, findet man diese voller Leute. Ich konnte mir kaum vorstellen, dass es noch heftiger geht. Aber es ging heftiger.

Am Tag eins nach *Thanksgiving* werden traditionell die Preise gesenkt und der Käufer erhält zusätzlich, weil es Tag eins nach *Thanksgiving* ist, Prozente auf seine Ware. In den Medien wird schon Wochen vorher mit unschlagbaren Preisen geworben und so kommt es, dass bereits morgens um 4am Leute vor den Läden stehen und warten, dass diese aufmachen. Den ganzen Tag sind die Läden gestopft voll, ein Fortbewegen ist kaum möglich, geschweige denn ein ruhiges Einkaufen. So einen Run auf Shopping hatte ich bis dato noch nie erlebt, obwohl auch in Deutschland schon desöfteren Schlangen vor den Geschäften am Morgen zu sehen waren, wenn Flugtickets oder ähnliches sehr billig verkauft wurden. Am Abend flimmerten dann in den Fernsehnachrichten die Namen der Verletzten und die Bilder aus den Krankenhäusern über den Bildschirm, in die die Einkaufsopfer zum Verarzten gebracht worden waren.

Für mich hatte dieser Ausnahmezustand allerdings etwas ausserordentlich Gutes. Ich war außerhalb der Stadt fast alleine auf der Straße. Kein Stau, kein Stopp-and-Go, kein ärgerliches Hupen, sondern ein zügiges Dahinfahren in den Süden. Es war ein sonniger Tag und die Landschaft, durch die ich brauste, war unwahrscheinlich schön und sehr abwechslungsreich. Ich musste allerdings gewaltig aufpassen, dass ich nicht zu schnell fuhr. Mein Tempomat hat mich an diesem Tag sicherlich vor einigen *Speeding-Tickets* bewahrt. Denn mit einer schnurgeraden Straße bis zum Horizont, keinen anderen Autos vor und hinter einem, kommt man recht schnell in Versuchung über den erlaubten 45-65 mph zu fahren. Auch weil die Straßen wunderbar breit und sehr gut ausgebaut sind. Die Landschaft rechts und links der Straße änderte sich sobald ich über die Grenze nach South Carolina fuhr. Sie wurde nicht mehr dominiert von den großen mächtigen dunklen Tannenwäldern, sondern nun begleiteten mich lichte Kiefernwälder. Mein Zielpunkt war Camden, ein kleiner Ort nördlich von Columbia, der Hauptstadt von South Carolina. Kaum war ich gegen 11am angekommen, wurde mir auch schon ein Frühstück offeriert. Meine Gastgeber nahmen gerade ihr zweites Frühstück zu sich, da kam ich also gerade richtig. Da mir bei meinem Aufbruch am Morgen nach dem ausgiebigen Abendessen nicht nach Frühstücken war, hatte ich logischerweise vier Stunden später einen guten Appetit. Serviert wurden süße Würstchen mit Apfelgeschmack, dazu selbst gemachte Waffeln. Es standen Schüsseln mit frisch in Scheiben geschnittenen Bananen und Erdbeeren auf dem Tisch. Dazu Sirup oder Honig. Es gab außerdem einen Brei aus Käse und Ei sowie in der Pfanne angebratene Schinkenscheiben. Herrlich!

Nach all den Köstlichkeiten war Bewegung absolut notwendig. Wir beschlossen, uns beim Rollerbladen so richtig auszutoben, damit wir am Abend genug Platz für das Essen am Tag eins nach Thanksgiving hatten. Nach ca. drei Stunden intensiven Fahrens ging es wieder zurück nach Hause. Dort hatte mittlerweile meine Gastgeberin ein fulminantes Mahl gezaubert. Es gab halbe Hühnchen für jeden in einer absolut leckeren Soße. Und natürlich alle Sachen, die vom Vortrag übrig geblieben waren. Mein Erlebnis vom Vortag konnte mich nicht abschrecken, auch hier alle aufgetischten Sachen wenigstens zu probieren. Nur einer Speise verweigerte ich mich vehement: *Sweet Potatoes* mit *Marshmallows*. Das Gegenteil, den absoluten Favoritenplatz auf meiner Liste erhielt diesmal *orzo* – eine äußerst leckere Pasta. Aber dem nicht genug. Auch an diesem Tag gab es nach den Hauptgerichten noch Nachspeisen.

Meine Augen wurden parallel zum Auftischen immer größer. Der Servierwagen war zweistöckig beladen mit allem, was ich schon kannte und mit noch mehr, was ich nicht kannte. Insgesamt zählte ich neun Desserts, wobei noch zwei unausgepackt in der Küche standen, wie ich später feststellte. Ich konnte wählen zwischen dem traditionellen *Pumpkin Pie* (den ich aber links liegen ließ, angesichts der anderen Sachen), einem Schokoladen-kuchen, einem Kokossahnebananenkuchen, einem Sahnevanillewaldfrüchtekuchen, Eis, Cookies, Käse-kuchen und gedecktem Apfelkuchen. Der Sahnevanillewaldfrüchtekuchen war zum Niederknieen gut. Soviele Endorphine auf einmal, da blieb es nicht aus, dass die ganze Gesellschaft mit einem seligen Lächeln am Tisch saß und den Tag ausklingen ließ Da ich das Wochenende auch noch in South Carolina verbrachte hatte ich noch einen weiteren Abend voller Überraschungen vor mir.

Der nächste Tag begann mit einem strammen Spaziergang. Dabei lernte ich Camden (siehe Links „Camden") kennen. Ich kann dieses kleine Städtchen nur empfehlen. Es gibt wunderbare Ecken, sehr schöne Häuser, darunter einige sehr alte, manche im Südstaatenstil gebaut und viel viel Grün. Nach dem Spaziergang machten wir uns auf den Weg in den Sumpf. Alligatoren beobachten – wir wären eine Delikatesse für diese gewesen, nach all den Köstlichkeiten, die wir die letzten Tage geschlemmt hatten…. Zu meinem Bedauern ließen sich keine Alligatoren blicken.

Sumpf in South Carolina

Mittlerweile war es später Nachmittag und wir fuhren weiter zum Swan Lake (siehe Links „Swan Lake"). Dies ist der einzige öffentliche Park in den USA, der alle acht Schwänearten beherbergt. Alles begann 1927 mit einem Fischreservoir für Hamilton C. Bland: einem örtlichen Geschäftsmann. Dieser importierte Ende der zwanziger Jahre des letzten Jahrhunderts die *Australian Black Swans*. Im Laufe der nächsten Jahre kamen Schwäne aus der ganzen Welt hinzu: Nordamerika, Südamerika, Europa und Asien.

Während unseren strammen Marsches rund um den See hatte sich die Temperatur merklich abgekühlt – kein Wunder – es war ja auch November – und wir waren froh wieder am Auto angelangt zu sein und uns auf den Nachhauseweg machen zu können. Dort angekommen, wurde der Kühlschrank geplündert. Verständlich, da wir den ganzen Tag diesmal nichts gegessen hatten. Es gab freie Wahl für alle. Das bedeutet, auf dem Tisch war alles aufgebaut, was im Kühlschrank zu finden war und das Buffet war eröffnet. Neben einer absolut leckeren Lachspastete waren hier Hühnchen, *Turkey*, gekochter Schinken, Gemüse, Käse, verschiedene Arten von Brot, von Toastbrot über Ciabatta bis Croissants, Soßen allen Geschmacks, Salat, Gurken, Tomaten und natürlich meine Mitbringsel Salami und sieben verschiedene Arten von Wurst zu finden. Wir hätten einen Wettbewerb im Sandwichstapeln veranstalten können.

Mit unseren Türmen setzen wir uns vor den Fernseher und sahen uns die Filme „*It's a wonderful life*" und „*A Christmas Story*" an. Ein perfekter Ausklang für Thanksgiving und eine wunderbare Einstimmung auf Weihnachten.

Am nächsten Tag machte ich mich relativ zeitig auf den Weg zurück nach Raleigh. Aber nicht ohne ein Lunchpaket meiner Gastgeberin. Und als ich dieses öffnete, war ich sprachlos. Es fanden sich liebevoll eingepackt vier kleine Sandwiches, neben Apfel und etwas Süßem. Dazu viel zu Trinken, unter anderem eine Kokosmilch. Ich war total verzaubert und auf der Fahrt nach Hause konnte ich mich über Genuss nicht beschweren.

Genuss pur!

Hier möchte ich eine kleine Auswahl typischer aber auch ungewöhnlicher Gerichte beziehungsweise Beilagen und Desserts vorstellen, die ich während meines Aufenthaltes kennengelernt habe. Aufgrund der Einwanderungswellen in der Geschichte der USA finden sich sehr viele Geschmacksrichtungen in Amerika – von Burgern, über Mexikanisch oder Italienisch bis zu Japanisch, Koreanisch und Burmesisch.

Beilage

Hush Puppies
Bei Hush Puppies handelt es sich um eine unumgängliche Beilage für ein typisches NorthCarolinaBarbecue.

3 Becher gelbes Maismehl (*cups yellow cornmeal*)
1 Becher Allzweckmehl (*cup all-purpose flour*)
2 Esslöffel Zucker (*tablespoons sugar*)
2 Teelöffel Backpulver (*teaspoons baking powder*)

1 Teelöffel Zwiebelflocken oder Zwiebelpulver – optional (*teaspoon onion flakes or powder*)
1 oder 2 Eier (*eggs*)
2 Becher Magerfett-Buttermilch (*cups lowfat buttermilk*)
¼ Becher Butter zum Backen (*cup shortening*)

Alle Zutaten mischen und nach und nach Milch, Eier und Butter dazugeben. Die Mischung rühren, bis diese geschmeidig ist. Dies dauert ungefähr eine Minute. Wenn der Teig zu dick ist, einfach noch etwas Milch dazugeben. Dann zwischen sieben bis zehn cm Öl in eine tiefe Pfanne geben und auf 375° erhitzen. Einen Löffel Backteig in das heisse Öl geben. Sobald die Hush Puppies schwimmen, diese umdrehen, damit sie gleichmässig braun werden. Die Hush Puppies aus dem Öl nehmen, auf einem Tuch abtropfen lassen und essen, während sie noch warm sind.

Hauptspeise

<u>Miso Nabe Japanese Soup</u>
Diese Suppe wurde von einem Burmesen als Abschiedsessen für einen guten Freund zubereitet. Für meinen Gaumen zu Beginn ungewohnt aber nichtsdestotrotz unglaublich lecker und definitiv empfehlenswert.

¼ Pfund Red Miso Paste (erhältlich in den meisten Asia Shops)

2 Teelöffel Hon Da Shi Powder (erhältlich in den meisten Asia Shops)
3 Knoblauchzehen
2 grüne Paprika
3 mittelgroße Packungen Krabben
5 mittelgroße Packungen Shrimps
¼ Pfund Sojasprossen (*Bean Sprout*)
¼ Pfund Tofu
Gemüse (was einem beliebt: Karotten, Zucchini, Tomaten usw.)
Reisnudeln

Die Reisnudeln für 10 Minuten in kaltes Wasser geben. Eine Gallone Wasser (= 3,78 Liter) erhitzen und Mix Red Miso Paste sowie Hon Da Shi Powder in das kochende Wasser geben. Die Koblauchzehen klein schneiden und den grünen Paprika sehr klein häckseln, beides gut miteinander vermischen und auch in das kochende Wasser geben.
Die Krabben waschen und in die Suppe geben. Alles für sieben Minuten auf kochen lassen. Den Topf dabei mit einem Deckel verschlossen halten.
Anschließend das Tofu, die kleingeschnittenen Gemüsestuecke und die Shrimps dazugeben und weitere drei bis fünf Minuten kochen lassen.
Zum Schluss kommen die Reisnudeln in den Topf und damit ist die Miso Nabe Suppe servierfertig.

Dessert
Oreo Balls

Oreo Balls sind in North Carolina weitläufig bekannt und beliebt. Ich habe sie in der Arbeit das erste Mal probiert und war entzückt. Frisch aus dem Kühlschrank schmecken sie einfach lecker.

1 Schachtel Oreoballkekse (*Oreoballcookies*)
1 Schachtel Frischkäse (*Cream Cheese*)
1 Packung Vanille-Mandel-Glasur (*Vanilla Almond Bark*)

Die Kekse zu feinem Puder zerreiben – geht am besten im Mixer. Diese Masse mit dem weichen Frischkäse vermischen, bis alles gut zusammenhält. Genug Masse abzwicken, um kleine Bällchen formen zu können. Wenn die komplette Masse in kleine Bällchen geformt ist, die Vanille-Mandel-Glasur in der Mikrowelle zwei Minuten erhitzen, dann umrühren und eine weitere Minute erhitzen. Die Bällchen in der Glasur wenden und auf einem Wachspapier abtropfen lassen. Hart wird die Glasur am besten, wenn man die Bällchen für ein paar Minuten in den Kühlschrank stellt.

Strawberry Smoothie
Und hier noch das Rezept für einen Smoothie (= Fruchtshake). Es gibt viele Plätze in Raleigh, die Smoothies frisch zubereiten, aber der Smoothie aus nachfolgendem Rezept war meiner Meinung nach definitiv der Beste.

ca. 148 mml Apfelsaft (*5 ounce*)

ca. 148 mml Guavensaft (*5 ounce*)
1 Kugel gefrorenen Magerjoghurt
2 Kugeln Himbeer-Fruchteis
1 Schöpflöffel gefrorener Erdbeeren
½ Banane
½ Schöpflöffel voll Eiswürfel

Das ganze in den Mixer, vermischen und fertig!

Single Packung, Oversize und Fastfood

Ich bin es gewohnt, meinen Tag mit einer Portion Müsli zu beginnen. Doch diese Gewohnheit stellte mich vor ungeahnte Schwierigkeiten. Für die Zubereitung eines Müsli brauche ich Milch und Müsli – andere verwenden Joghurt – ich wollte Milch. Das erschien mir nun nicht unmöglich. Nur hatte ich nicht mit der Auswahl an Milch gerechnet, die sich mir bot. Von Vollmilch bis 0% Fett, von natürlicher Milch, über Schokomilch bis Vanillemilch und das alles von verschiedenen Firmen und natürlich mit verschiedenen Vitaminen und Mineralien verfeinert. Nachdem ich mich endlich für eine Milchsorte entschieden hatte, ging es ans Müsliregal. Zur allgemeinen Orientierung: Ich war an diesem Tag mal wieder im Walmart einkaufen. Und Walmart ist twentyfour/seven. Das ist die allgemeine Bezeichnung für vierundzwanzig Stunden/sieben Tage die Woche – geöffnet. Walmart hat also immer auf, bis auf ein paar wenige Ausnahmen, beispielsweise Thanksgiving spät abends. Und Walmart ist immer gut gefüllt mit Kunden. Ob ich abends unter der Woche oder Samstag mitten in der Nacht einkaufen war, im Walmart war grundsätzlich was los. Walmart hat aber auch alles, was das Herz begehrt – natürlich auch Müsli, genannt Cereals. Und da stand ich nun, vor einem 50 Meter langen Regal, dreistöckig beladen mit Müslischachteln. Und eine Schachtel überbot in Farbe und Hinweisen auf gesundes Essen die andere. Es brauchte insgesamt 6 Wochen, bis ich mich durch alle für mich interessant aussehenden Müslivarianten gegessen und endlich meinen Favoriten gefunden hatte.

Mit Müsli gab es daher für den Rest des Aufenthalts kein Problem mehr. Worüber ich mir allerdings immer wieder die Haare raufte, waren die Packungsgrößen. Singlepackungen, wie sie in Deutschland überall erhältlich sind, habe ich nur als Fertiggerichte für die Mikrowelle gefunden. Alle anderen Dinge, seien es Brot, Käse, Wurst, Gemüse, Pizza, Wasser und Softdrinks, Cookies oder Chips sind nur in großen Packungen zu finden. Oder in noch größeren, sogenannten *oversize* Packungen. Ich aber hatte herzlich wenig Lust eine ganze Woche lang ein Gericht zu mir zu nehmen, nur weil ich das, was ich zum Kochen benötigte, nicht in einer kleinen Packung bekam. Ich habe mich daher aufs *Food Sharing* verlegt. Nachdem ich ja mit drei Amerikanerinnen zusammenwohnte und wir einen gemeinsamen Kühlschrank hatten, wurde einfach alles, was von allen verwendet werden konnte, auf einen Zettel an der Kühlschranktür geschrieben. So kamen wir auch –

obwohl Singles – mit den oversize Packungen zurecht und senkten zudem unsere Ausgaben.

Eine andere Möglichkeit beim Einkauf Geld zu sparen, ist das Beantragen einer VIPcard. So kann man sich zum Beispiel in einem der Supermärkte beispielsweise Harris Teeter oder Kroger eine Karte ausstellen lassen und erhält im Folgenden auf Produkte aus diesem Supermarkt Rabatt. Diese Karten gibt es aber nicht nur für Supermärkte, sondern auch für viele andere Geschäfte.

Exkurs: So hatte ich zum Beispiel einen weiteren Ausweis für die Buchläden in und um Raleigh. Mit dieser Karte erhält der Inhaber einmal im Monat einen Shopping Day mit 10% Ersparnis auf jedes Buch. Darüber hinaus kann man sich auf den exklusiv-e-mail-Verteiler für spezielle Angebote setzen lassen – Text: Bei einem Einkauf heute erhalten Sie 40% Rabatt auf jedes Buch. Wenn man nun noch an einem Tag in den Laden kommt, an dem ein Bücherausverkauf stattfindet (einmal in der Woche) und die Bücher sowieso schon im Preis nach unten gesetzt sind, dann kann man mit einem Preisnachlaß von 70% Bücher einkaufen. Für einen Bücherwurm ein doch ein recht angenehmer Effekt.

Angenehm oder wie auch immer man das bezeichnen will, ist auch die Tatsache, dass es in Amerika Einkaufsmöglichkeiten gibt, bei denen man nicht einmal aus dem Auto aussteigen muss. So war ich in der Nähe der Küste in Supermärkten beim Einkaufen, durch die man mit dem Auto fahren kann. Man sitzt also im Auto und erledigt seine Einkäufe – sogenannte *Drive-Thru Supermarkets*. Meistens stehen diese Supermärkte nicht alleine auf der „grünen Wiese" sondern werden begleitet von einer Reihe von Fastfoodketten. Typisch Amerika, wie sich viele denken werden.

Amerika hat aber auch eine ganz andere Seite.

So habe ich selten derart leckere Salate gegessen wie in Amerika. Es gibt eine Vielzahl von Salatbars, die sehr gut sortiert sind und alles Mögliche an Gemüse offerieren. Auch leben viele Amerikaner höchst bewusst, was das Essen angebelangt, zaubern leckere Sachen in ihrer Küche und entsprechen keinesfalls dem Klischee des Fastfoodjunkies.

Einen ersten Eindruck von der Kochkunst der Amerikaner erhielt ich bei einem *Potlock*. Dies war eine Veranstaltung der Kirche, in der meine *roommate* Mitglied ist. Junge Mitglieder der Kirche trafen sich zum Essen. Dazu brachte jeder etwas Selbstgekochtes von zu Hause mit, ein Buffet wurde aufgebaut, man saß gemeinsam an den Tischen, diskutierte, hatte Spaß und jede Menge Auswahl an super leckeren und gesunden Sachen. Eine andere Ahaerfahrung in punkto amerikanisches Essen machte ich in der Arbeit. Sobald es etwas zu feiern gab, buk eine Kollegin Torten. Und diese waren richtig lecker und keineswegs so süß, wie viele käuflich zu erwerbenden Torten. Sie waren meist nicht einmal Kalorienbomben.

Ungewohnt – auf beiden Seiten

Nach drei Monaten dachte ich, mich in North Carolina akklimatisiert zu haben – jedoch gab es immer wieder Situationen die mich in Staunen versetzten und sprachlos amüsiert oder verwundert zurückliessen.

Was mich in den USA immer wieder verblüffte, war die „Pünktlichkeit", welche Amerikaner bei Sportveranstaltungen an den Tag legten. So habe ich erlebt, dass die Masse der Amerikaner grundsätzlich ungefähr zehn Minuten nach Anpfiff eines Spiels in das Stadion kommt und das Spiel fünf bis zehn Minuten vor seinem Ende verlässt. Was in seiner Konsequenz bedeutet, dass sich zum Beispiel in einem Stadion mit 90.000 Sitzplätzen in der letzten Viertelstunde vor dem Ende des Spieles die Ränge leeren und dreiviertel der Zuschauer bereits weg sind obwohl das Spiel noch läuft. Nachdem ich dieses Verhalten mehrmals, unabhängig von der Sportart, beobachtet hatte, fragte ich bei meinen *roommates* nach. Sie meinten, damit vermieden sie, in einen Stau zu geraten, der sich unweigerlich vor und nach einem Spiel bildete. Damit erlebte ich mal wieder die gravierenden Unterschiede in den Sichtweisen: Stau hin oder her - ich hatte nämlich bis dato selten so gut polizieilich organisierte An- und Abfahrten von Stadien gesehen wie bei den Spielen, die ich in Amerika besucht hatte. Selten verfügen Stadien in Deutschland über eigene mehrspurige Straßen, die ihre einzige Daseinsberechtigung in der Erreichbarkeit eines Stadions haben. Darüber hinaus sind die meisten Stadien von einer schier unglaublichen

Menge an Parkplätzen umgeben. Für mich präsentierte sich die An- und Abfahrt daher weder als nervenaufreibend noch langwierig und ich konnte das Spiel bis zur letzten Sekunde genießen.

Andere Situation, nächste Kuriosität: Es war kurz vor Weihnachten. In einem sehr schönen Film sah ich folgende Szene, aufgenommen in einer Mall: Eltern reihen sich mit ihren Kindern in eine Schlange ein, um die Kinder auf den Schoß von Santa Claus zu setzen und dort fotografieren zu lassen. Die Kinder sind besonders lieb herausgeputzt, mit den schönsten Kleidchen bei den Mädchen und Smoking für die Jungen. Ich dachte mir, dass es sich hier um eine grenzenlose Übertreibung handelte. Aber ich machte mir auch keine weiteren Gedanken, da es sich ja nur eine Geschichte in einem Film war. An einem Sonntag vor Weihnachten ging ich allerdings in eine Mall, Weihnachtsgeschenke besorgen. Ich wunderte mich beim Betreten der Mall, warum ich auf eine derartige Menge an Eltern mit Kinderwägen stieß. Aber niemand warnte mich davor, was ich dann sah. In extra dafür ausgewiesenen Wegen reihten sich Eltern mit ihren Kindern an Eltern mit ihren Kindern. Ich ging an der endlosen Schlange vorbei und erreichte endlich das Ziel der Menge: Santa Claus auf seinem Thron. Er hatte gerade ein Kind auf dem Schoß, fragte es, was es sich denn zu Weihnachten wünsche und nebenbei wurde von einem professionellen Fotografen ein Bild gemacht, welches es in seiner einfachsten Form für $12 zu kaufen gab. Eigentlich eine wunderbare Idee, Kinder „persönlich" mit Santa Claus bekannt zu machen. Aber doch sehr ungewohnt.

Kurz nach Weihnachten hatte ich ein Erlebnis der eiskalten Sorte. Ich war mit Freunden beim Sporttraining in Duke. Duke ist eine der renommiertesten Universitäten Amerikas im Bereich Medizin und Biologie. Wir erhielten Einlass – Zutritt ist dort nur Mitgliedern oder Gästen von Mitgliedern erlaubt. Wir waren Gäste. Ich wunderte mich schon am Eingang, warum so viele Zelte vor der Türe standen. Als wir dann geschlossen nach dem Training die Halle verließen, trieb mich meine Neugierde und ich fragte zwei Studenten. Sie meinten, sie campten hier, weil dies die einzige Möglichkeit sei, für Null Dollar an Basketballkarten zu gelangen. Mit diesen Karten erhalten sie Einlass zu allen Spielen, die das Basketballteam aus Duke bestreitet und ihre Sitze sind genau hinter den Spielern. Also Plätze, für die regulär zwischen $500-$600 bezahlt werden müssten. Jeder Student, der campt, muss sich in eine Liste eintragen. Am Abend oder in der Nacht gehen die Kontrolleure von Zelt zu Zelt und überprüfen, ob alle registrierten Personen auch in den Zelten übernachten. Am Tag muss mindestens ein Student pro Zelt anwesend sein. Hauptsächlich handelte es sich bei den Studenten um Juniors und Freshman (also Studienanfänger). Die Campsaison dauert zwischen vier und sechs Wochen und danach erhalten sie der Reihe nach, in der sie zu campen begonnen hatten, die Karten. Graduates, also Studenten, die kurz vor dem Examen stehen, können auch teilnehmen, müssen allerdings nur ein Wochenende campen. Jedoch müssen sie an diesem besagten

Wochenende stets zur Stelle sein, wenn die Wächter ihre Trillerpfeife betätigen. Das kann auch bedeuten, dass sie mehrmals mitten in der Nacht antreten müssen. Die Graduates kommen also nicht wirklich zum Schlafen und das Wochenende ist sehr hart, wie mir eine Camperin versicherte. Sie meinte, es mache aber auch Spass, alle Freunde kämen, brächten was zu Essen und es sei *big party*. Nach drei Tagen ohne allzu viel Schlaf ist man allerdings zu nichts mehr zu gebrauchen. Und dann ist für die *Graduates* immer noch nicht klar, ob sie Karten bekommen. Sie haben sich lediglich die Erlaubnis „erfeiert", an einer Lotterie für Karten teilzunehmen. Daher erscheinen die Graduates häufig mit einer ganzen Clique, so dass am Ende mindestens jeder ein Spiel ansehen kann. Wer allerdings nicht campt, der stellt sich zu den Spielen an der Kasse an. Diese Warteschlangen sind häufig bis zu einem Kilometer lang. Es ist nicht erlaubt, die Schlange zu verlassen, ausser für wichtige Geschäfte. Aber es muss etwas von der Person an ihrem Schlangenplatz zurückgelassen werden, sonst darf diese nicht mehr zurückkehren, sei es auch nur eine Wasserflasche. Wie gesagt, ich stand vor den Zelten, es hatte -8 Grad (MINUS 8 Grad!) und fror und sah die Leute auf den Stühlen in Decken gehüllt ihre Hausaufgaben machen. Ich war sprachlos. Auf der anderen Seite konnte ich mir schon vorstellen, dass so ein gemeinsames Campen einen Heidenspaß macht.

Nach all den für mich ungewohnten Erlebnissen fragte ich mich hin und wieder, was ein Amerikaner wohl an Deutschen verwunderlich oder amüsant findet. Und kurze

Zeit später, nachdem ich mich das gefragt hatte, erlebte ich auch zwei Beispiele:

Ich war mit einigen meiner Kollegen in einer Bar und da ich noch Autofahren musste, blieb ich bei meiner Cola als Getränk. Ich saß also vor meiner Dose Cola und erzählte meinen Kollegen, dass Dosen in Deutschland nur noch schwer zu finden seien. Aufgrund ihrer fragenden Gesichter erklärte ich ihnen das deutsche Abfallssystem. Wir kamen dabei auf Mülltrennung zu sprechen und darauf, dass in Deutschland in einigen Gebieten je nach Haushaltgröße unterschiedlich große Mülltonnen abgenommen werden müssen und je nach Größe bezahlt werden müssen. Daher, erklärte ich weiter, sind viele Mülltonnen eingesperrt und die Berechtigten haben einen Schlüssel für ihre Tonnen. Meine Kollegen sahen mich an und brachen dann in schallendes Gelächter aus. Sie meinten: „Ernsthaft? Ihr schließt die Tonnen, in denen ihr Müll lagert, ab?" Ich darauf: „Es kommt darauf an, welchem Bundesland oder welcher Gemeinde man zugehörig ist und welche Regeln gelten, aber wir versuchen, Nichtberechtigten den Zugang zu verweigern. Dazu sperren wir aber nicht die Tonnen, sondern die Boxen, in denen sich die Tonnen befinden ab." Sie schüttelten sich vor Lachen.

Ein anderes Mal bedauerte ich laut, dass es in Amerika kein Spezi zu Trinken gibt. Auf die fragenden Gesichter meiner Begleiter erklärte ich, dass es sich bei Spezi um ein Mischgetränk aus Cola und Fanta handelt. Die Gesichter zeigten eine interessante Wandlung von Interesse über Überraschung zu Abneigung. Einer schüttelte den Kopf und meinte: „Du willst also sagen, ihr mischt Cola und Fanta und trinkt das dann?" Ich nickte und antwortete ihm: „Und es schmeckt richtig gut." Er darauf: „Weißt Du, wie das hier bei uns heißt. *Suicide*!" und schüttelte sich.

Und trotz allen Kopfschüttelns, von beiden Seiten, habe ich in Amerika auch eine unglaublich herzliche Seite kennengelernt. Zwei Erlebnisse sind mir bis heute im Gedächtnis geblieben.

Es war an einem Sonntag Vormittag im Supermarkt. Ich stand an der Kasse und die Summe, die ich zu zahlen hatte, betrug $ 47 und ein paar Zerquetschte. Der *cashier* fragte mich, ob ich meine *Membercard* dabeihätte. Ich schüttelte den Kopf. Er meinte: Das ist schade, denn es sind viele Sachen *on sale*. In dieses Gespräch mischte sich eine Dame ein, die hinter mir in der Schlange stand. Sie hielt dem Kassierer ihre *Membercard* entgegen, lächelte mich an und meinte: „Nehmen sie diese hier solange." Der Kassierer nahm die Karte der Dame wortlos entgegen, meine Einkäufe reduzierten sich um einen Betrag von $ 9 und ich war glücklich.

Dieser selbstverständlichen Hilfsbereitschaft begegnete ich noch öfter. Auch einmal, als ich mit meinem Auto mitten auf einem 4-spurigen Highway liegen blieb. Ich dachte mir noch, „Na toll." Es war 7.25am, ich war auf dem Weg zur Arbeit. Ich stieg aus, öffnete die Motorhaube und sah – natürlich nichts, was mich weiterbrachte. Ich bin ja auch kein Mechaniker. In North Carolina ist bei einer Panne die Motorhaube zu öffnen und ein weißes Tuch an die Fahrertür zu hängen. Dies signalisiert einem vorbeikommenden Fahrer, dass Hilfe benötigt wird. Und es dauerte keine fünf Minuten bis ein Autofahrer anhielt und tatsächlich fragte, ob ich Hilfe bräuchte. Die beiden netten Herren sahen sich mein Auto an, verstanden was von Mechanik, fuhren mich zur nächsten Werkstatt, verhandelten mit dem Abschleppdienst und warteten bis alles organisiert war. Mit einem kurzen, „das ist doch selbstverständlich" fuhren sie anschließend weiter. Wenn ich sie auch nicht mehr wiedersehe, hier ein Danke aus ganzem Herzen.

Die Freundlichkeit war am Anfang ungewohnt und ich wusste nicht so ganz damit umzugehen. Aber recht schnell genoss ich die damit verbundenen Annehmlichkeiten. Betritt man beispielsweise einen Laden, wird man sogleich von einem oder mehreren persönlichen *Shop-Assistants* angesprochen. Darüber-hinaus ist es Standard in jedem Lokal einen persönlichen Kellner zu haben, der sich mit Namen vorstellt und den gesamten Abend für alle Belange seiner Gäste zuständig ist. Auch wenn es sich hierbei häufig nur um eine nach außen hin aufgesetzte Freundlichkeit handelt, ist es trotzdem sehr angenehm, in solch einer Atmospähre zu speisen oder einzukaufen.

EUCHRE [Juker]

So heißt ein amerikanisches Kartenspiel, das ich während meiner Zeit in North Carolina (kennen)gelernt habe. „Eigentlich kommt es ja aus Iowa" wurde mir erklärt,

„Aber das ist nicht weiter schlimm. Es macht auf jeden Fall Spaß."

Ich war gespannt auf das Kartenspiel, denn ich hatte während meiner Schul- und Studienzeit manchen Abend mit Kartenspielen verbracht. Ein amerikanisches Kartenspiel kennenzulernen war daher schon sehr verlockend.

Eine meiner Mitspielerinnen beherrschte das Spiel ebenfalls noch nicht. Es folgte daher eine kurze Einführung, der ich noch problemlos folgen konnte. Wir beschlossen, mehrere Spiele mit aufgedeckten Karten zu spielen, so dass ein *learning by doing* stattfand. Noch während des ersten Spiels sah besagte Mitspielerin unsere Gastgeberin verzweifelt an und stellte eine Frage.

Das einzige, was ich von dieser Frage tatsächlich verstand, waren das Fragewort „*what*" und das Verb „*happens*". Ich konnte aus der Situation erschließen, dass es sich um eine Regel im Kartenspiel handelte, aber danach war ich mit meiner Logik auch schon am Ende. Die Frage war: „*What happens with the clubs jack if a player chooses the suit spade. Is the bauer still the highest trump?*" Meine Gastgeberin setzte zu ihrer Erklärung an und ich fing zu lachen an. Das war meine einzige Reaktion, als ihre Erklärung mit denselben Worten begann, mit denen die Frage aufhörte. Meine Mitspieler sahen mich fragend an und ich meinte zu meiner Mitspielerin. „*Please, could you translate your question in an Englisch I understand?*" Die Gesichter meiner Mitspieler verzogen sich zu einem Grinsen, aber sie übersetzten – wenn auch mit einem amüsierten

Blitzen in ihren Augen - die Frage in ein mir geläufiges Englisch, was einige Zeit in Anspruch nahm. Teil dieser Erklärung war, dass mir ein Blatt Papier ausgehändigt wurde, auf welchem die Symbole der Karten aufgemalt waren mit der jeweiligen Bezeichnung daneben. Und ich muss ehrlich zugeben, ich brauchte dieses Papier dringend. Und ich hielt es im Laufe des Spiels zu meiner diebischen Freude meinen Mitspielern hin und wieder mit einem Grinsen unter die Nase, wenn diese sich etwas in der Terminologie verfransten…

Ein Kartenspiel, bei dem man bei jeden Zug mitdenken muss, ist für sich alleine schon eine Herausforderung, aber ein Kartenspiel in einer fremden Sprache zu lernen und dann all die Fachbegriffe, nach denen gespielt wird, sofort parat zu haben und zu benutzen, ist eine Erfahrung für sich.

Also – hier die Einführung auf Deutsch: Es wird mit normalen Skatkarten gespielt, diese setzen sich aus As, King, Queen, Jack oder Bauer – ein Bezeichnung, die mich sehr in Erstaunen versetzte – Ten und Nine zusammen in allen vier Farben, genannt *Suits*. Als da wären: ♣ Clubs, ♠ Spades, ♥ Hearts and ♦Diamonds. Das Spiel verlangt vier Kartenspieler. Diejenigen, welche sich gegenüber sitzen, spielen zusammen.

Person A mischt die Karten und verteilt dann an jeden 12 Karten. Der Spieler, welcher zur rechten Seite des Gebers sitzt kann als erstes entscheiden, ob er die Bedingungen nach denen im Folgenden gespielt wird, vorgeben will oder passen möchte. Um die Bedingungen vorgeben zu können, muss er die Anzahl an Stichen angeben, die er meint, mit seinem Blatt machen zu können, Minimum sind sechs. Falls nun ein weiterer Mitspieler eine höhere Trefferquote erwartet, sagt er sieben oder acht usw., von möglichen 12. Wurde die Vorgabe erreicht, erhalten die beiden Spieler, die das Spiel gelenkt haben, die Punktzahl, die sie erreicht haben. Zum Beispiel: Sagt Spieler A sieben und hat mit seinem Partner B neun Stiche, dann erhalten die beiden neun Punkte und die beiden anderen Spieler drei (9+3=12). Erreichen A und B allerdings nur fuenf von sieben angegebenen Punkten, erhalten sie fuenf Minuspunkte und die anderen beiden Spieler erhalten ihre Anzahl an Stichen (also sieben) als Pluspunkte.

Es ist grundsätzlich so, dass bei diesem Spiel Farbe zugegeben werden muss – legt beispielsweise Spieler A eine Diamond Queen raus, müssen alle anderen Spieler, wenn sie Diamonds auf der Hand haben, diese Farbe zugeben. Hat ein weiterer Spieler ein Diamond As, sticht er zwangsläufig die Diamond Queen des ersten Spielers. Es gibt bei dieser Regel der Farbzugabe nur eine Ausnahme: Spielt der erste Spieler einen Trumpf, muss Trumpf von allen anderen zugegeben werden, sei dieser Trumpf nun eine neun, ein Jack oder ein Farbtrumpf. Hat ein Spieler keinen Trumpf, dann darf er irgendeine Karte wählen, die er zugibt. Somit wissen aber alle anderen Spieler, dass dieser Spieler keine weitere Gefahr hinsichtlich eines Trumpfes darstellt.

Es gibt nun verschiedene Spielvarianten, die die Spieler wählen konnen: *High, Low* und *Suit*.

Bei *Low* stechen die niedrigen Karten die höheren. Zudem ist jede Spielkarte mit der Nummer neun ein Trumpf. Davon gibt es acht Stück im Spiel. Höchste neun ist die Clubs neun. Die anderen Neuner darunter stehen alle auf der gleichen Stufe. Spielt nun ein Spieler eine neun und ein anderer hat nur noch eine neun, die er spielen kann, so erhält derjenige Spieler den Stich, der als erstes die neun gespielt hat. Spielt Spieler A beispielsweise im *Low* Spiel eine Heart zehn und die weiteren Spieler haben nur eine Heart Queen, Heart As and Heart Jack dann erhält Spieler A den Stich, da er derjenige war, die die niedrigste Karte gespielt hat.

Bei der Variante *High* stechen die Jacks. Auch hier ist höchste Karte Clubs – Clubs Jack. Die Reihenfolge lautet: As, King, Queen, Ten und Nine. Hat ein Spieler also drei Jacks und drei As, dann kann er am Anfang die Stichanzahl mit sieben angeben, und so selbst die Spielbedingungen diktieren. Eine sechs wird oft von den anderen Mitspielern übertrumpft. Mit den Jacks hat er die Möglichkeit, den Mitspielern die Trümpfe aus der Nase zu ziehen und ein As kann kein Mitspieler stechen, außer natürlich mit einem Jack, da diese Karte Trumpf ist. Aber nur dann, wenn er nicht die Farbe des As auf der Hand hat und diese spielen muss.

Es ist allerdings immer im Hinterkopf zu behalten, dass man mit einem Partner zusammenspielt. Und bei einem Trumpfspiel kann es eventuell passieren, dem Partner, der ja aufgrund der Spielregeln Trumpf oder Farbe zugeben muss, die einzigen Trümpfe zu entziehen, die dieser auf der Hand hat. Daher ist es sinnvoll mit einem As zu beginnen, falls vorhanden, von dem nicht noch weitere oder wenige Farben auf der Hand sind. Dadurch ist die Chance am größten, dass jeder Mitspieler mindestens eine Karte dieser Farbe besitzt.

Wählt nun ein Spieler als Spielvariante eine *Suit* zum Beispiel Diamond, dann ist diese Farbe Trumpf sowie alle Jacks. Mit dem Clubs Jack an der Spitze. Spielt also ein Mitspieler eine andere Farbe – zum Beispiel Heart und ein weiterer Spieler hat kein Heart und gibt ein Diamond (Farbtrumpf) neun ins Spiel, die beiden anderen geben aber Farbe (Heart) zu, dann erhält der Spieler, der die Diamond neun gespielt hat, den Trumpf.

Das Spiel wird gespielt, bis eines der beiden Teams 50 Punkte oder mehr erreicht hat. Diese Gruppe hat dann das gesamte Spiel gewonnen. Die Antwort auf die Frage lautet also: Die Karte Clubs Jack bleibt natürlich der höchste Trumpf, auch wenn ein Spieler die Farbe Spade als Leitfarbe aussucht.

Und wie sollte es in der Begegnung am Kartentisch anders sein: Kurz vor Spielende stand es 48:48. Somit entschied das letzte Spiel. Meine Partnerin sagte sechs. Unsere Gegenspieler erhöhten auf sieben und entschieden sich für Farbtrumpf – Diamonds.

In einer furiosen Schlacht gewannen meine Partnerin und ich das letzte Spiel mit 10:2 und holten somit die Siegprämie: Das letzte Stück Bananenkirschkuchen!

Abendstimmung im Glenwood Park / NC State Park – Haw River

Indian Summer – Color Change / Great Smoky Mountains

Swinging Bridge – Grand Father Moutain / Hatteras Island

Ocracoke – Outer Banks / Bodie Island – Outer Banks

Football Wolfpack NC State / Baseball Durham Bulls

Museum "Discovery Place" in Raleigh

Museum "Life and Science" / Aquarium in Wilmington

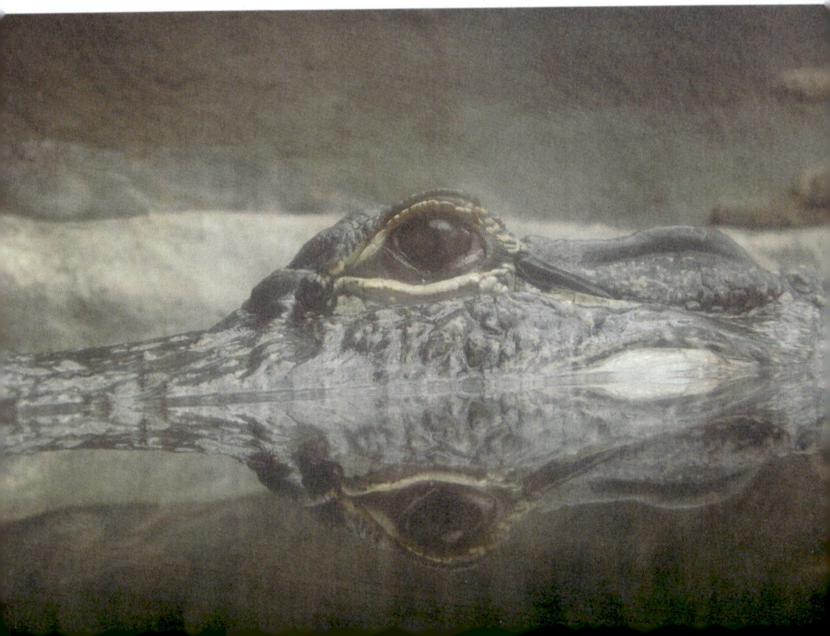

Meine 1. Bleibe / Der Blick aus meiner 2. Wohnung

Wilmingon Street, Ecke Fayetteville Street in Raleigh Downtown

Bicentennial Mall 6 in Raleigh / House of Fannie E. S. Heck (1862-1915)
Schritstellerin, Historic Downtown Raleigh

Meine ersten Begegnungen

Davon gab es während meines Aufenthalts eine ganze Reihe.

So zum Beispiel die Erlaubnis, auch als Privatmann eine Waffe zu tragen. Ich war noch ein vollkommenes Greenhorn in Amerika und war beim Doktor. Als ich an der Rezeption auf meine Rechnung wartete stellte sich ein Mann neben mich und wartete ebenfalls auf die Sekretärin. Er verströmte einen sehr angenehmen Duft, hatte ein feines Hemd mit silbernen Mannschettenknöpfen an, eine untadelig gebundene Krawatte - und eine Pistole am Gürtel. Ich traute meinen Augen nicht. Ich stand tatsächlich neben einem Mann, der eine Pistole offen am Gürtel trug. Meine Augen wanderten immer wieder unauffällig zu der Pistole. Kein Mensch

Shelley Lake in Raleigh

außer mir natürlich schien sich darüber irgendwie zu wundern. Ich stand da und konnte meine Augen nicht zwingen, nicht hinzuschauen. Ich war geschockt und doch irgendwie fasziniert.

Was ich aus Deutschland nur aus dem Fernsehen oder aus Büchern kannte, traf mich hier mit voller Wucht. Es war tatsächlich Wirklichkeit. Hier durfte man in aller Öffentlichkeit Waffen tragen.

Kurz nach diesem Erlebnis sah ich plötzlich viele Anzeichen, die auf Waffen hindeuteten.

So war zum Beispiel auf Schildern in öffentlichen Parks unmissverständlich das Tragen von Waffen untersagt.

Ein anderes Beispiel war ein Schild, welches an der Außentüre meiner Arbeitsstelle angebracht war. Es zeigte eine Pistole und verbot das Tragen von Waffen innerhalb des Gebäudes.

Ausserhalb meiner Vorstellungskraft lag auch eine andere Begegnung.

Ich begegnete einer Schlange – Auge in Auge ohne Glasscheibe dazwischen. Und dann ereilte mich dieses Schicksal gleich an zwei aufeinanderfolgenden Tagen. Ich war in Columbia und genoss die letzten Sonnenstrahlen, während ich neben dem Broad River fröhlich vor mich hin „rollerbladete". Und plötzlich zischelte vor mir quer über den Weg eine Schlange. Ich war sehr froh, dass ich mit meinen Rollerblades umgehen kann – so bremste ich augenblicklich vor der Schlange und stand still. Da ich in meinem bisherigen Leben nicht wirklich Erfahrung mit Schlangen sammeln konnte und daher auch nicht wusste, ob es sich um ein gefährliches Exemplar handelte, wusste ich nicht so recht, was ich tun sollte. Ich tat also nichts und blieb einfach still stehen. Die Schlange zischelte um mich herum und verschwand auf der anderen Seite des Weges im Unterholz. Und ich setzte meinen Weg fort. Die zweite Begegnung mit einer Schlange erwartete mich in einem Waldstück. Dieser Wald grenzte an einen Sumpf. Die Landschaft hätte mir eigentlich schon Hinweis genug sein müssen, dass es eventuell zu einer Begegnung kommen könnte. Aber da ich nicht mit diesem Wissen aufgewachsen bin, rechnete ich auch nicht mit so was. Ich war also mit meiner *roommate* unterwegs, die mir dieses wunderschöne Fleckchen Erde zeigen wollte. Wir stromerten durch den Wald, der durch das warme Licht in allen möglichen Farbschattierungen leuchtete, und plötzlich gefror uns das Blut in den Adern. 20 cm neben unseren Füssen kringelte sich eine Wassermokassin!

Wassermokassin

Trotz Schrecken war ich fasziniert. Noch nie hatte ich die Gelegenheit, eine Schlange in ihrer natürlichen Umgebung zu beobachten. Wir verhielten uns ganz ruhig und zogen uns nach und nach langsam zurück.

Denn als Laie sieht man Schlangen leider nicht an, was sie als Nächstes vorhaben. Eine etwas andere Erfahrung mit Schlangen machte ich bei meiner ersten Begegnung mit dem Dulles Airport von Washington D.C. - Warteschlangen. Ich wurde schon vorgewarnt, diesen Flughafen zu meiden. Aber nachdem dieser Flughafen der einzige war, der eine für mich günstige Verbindung von Raleigh nach Frankfurt bereitstellte, griff ich zu und dachte mir: So schlimm wird es schon nicht werden. Allerdings erkannte ich schnell, dass mich meine sonst in allen Farben ausmalende Phantasie diesmal schmählich im Stich gelassen hatte.

Noch stieg ich frohgemut in Frankfurt in eine 747, die mich in etwas mehr als 8 Stunden nach Washington bringen sollte. Das hat sie dann auch gemacht, mit einer Einschränkung – wir flogen in Frankfurt mit einer Verspätung von einer Stunde los. In Washington angekommen, reihte ich mich in die Warteschlange vor den Immigrationschaltern ein, da ich ja kein *US citizen* bin und daher vollständig überprüft werden musste. Nachdem ich mehr als eine Stunde in der Reihe gestanden hatte, konnte ich – nach Abgabe meiner Fingerprints und der Überprüfung meines Visums, in die *baggage claim area* eintreten. Und dort erwartete mich das Chaos.

Denn zeitgleich mit meinem Flieger aus Frankfurt waren drei weitere Flieger gelandet – aus München, Zürich und London. Die *baggagge claim area* verfügte allerdings nur über zwei Gepäckförderbänder. Freundliche Helferlein hoben die kreisenden Koffer von den Bändern und stellten sie in die Mitte des Raumes. Als ich ankam sah ich einen Kofferberg, der der Zugspitze sämtliche Ränge streitig gemacht hätte. In der *baggagge claim area* drängten sich zudem die Passagiere der vier Internationalen Flüge und suchten verzweifelt ihr Gepäck.

Nach ca. 20 Minuten Suche fand dann auch ich meinen Koffer und reihte mich in die nächste Warteschlange ein. Diese hatte sich vor den Röntgenapparaten gebildet, die durchlaufen werden mussten, um die Koffer für den Inlandsflug einzuchecken. Im Laufe der Wartephase fingen die wartenden Passagiere an, eine gewisse Ironie in der Situation zu sehen. Ein in der Reihe wartender Passagier fragte einen Flughafenmitarbeiter mit lauter Stimme, was denn mit seinem Anschlussflug sei. Schlagartig war es totenstill in der Halle und ca. 200 Personen warteten gespannt auf die Antwort. Der Herr meinte: *You missed the flight. Perhaps you get another one. For this please go to Gate C22.* Alle anwesenden Personen fingen zu lachen an und begruben ihre Hoffnungen auf ihren Anschlussflug.

Nach ca. einer weiteren halben Stunde in der Schlange kam ich an die Reihe. Neben meinem Handgepäck wurden auch meine Jacken und meine Schuhe durchleuchtet. Nach dieser *area* führten an den Wänden aufgemalte Pfeile in eine weitere Halle. Diese machte der *baggagge claim area* Konkurrenz - was die Übersichtlichkeit und Organisiertheit betraf. Ich wurde angewiesen, meinen Koffer in den Bereich für Raleigh abzustellen. Die freundliche Dame, die dort die Koffer registrierte, verwies mich an den Schalter C26. Also C26 oder C22, das konnte mir keiner beantworten. Da C22 auf dem Weg zu C26 lag, schaute ich erst dort vorbei, aber es war kein Mensch hinter dem Tresen aufzufinden. Also weiter zu C26. Am Gate angekommen, wandte ich mich an die beiden freundlichen Herren hinter dem Schalter. Diese meinten, dass ich hier ganz falsch sei. Sie sahen aber letztendlich doch im Computer nach und verkündeten mir, dass ich auf keinen Fall den Flieger um 19 Uhr erwischen würde, vielleicht noch den um 21 Uhr, dafür müßte ich aber Glück haben. Um jedoch sicher zu gehen, sollte ich zu Gate 20 gehen und dort in der Nähe den *Costumer Service* aufsuchen, der würde mir weiterhelfen. Am *Costumer Service* angekommen, traf ich auf alte Bekannte: Fast die gesamte Passagierbesatzung meines Fliegers trudelte nach und nach ein und wieder hieß es – einreihen in die Warteschlange und warten. Nach ca. einer Stunde war ich an der Reihe und erfuhr, juchuhhh, es gab noch einen Flieger um 19.30 Uhr, boarding 19.10 Uhr. Das war noch eine halbe Stunde. Ich versuchte also alles in dieser einen halben Stunde zu erledigen. Nachdem ich endlich die Toilette aufsuchen konnte, reihte ich mich ein in die Warteschlange vor dem Getränkeautomaten, gleichzeitig verständigte ich meinen Abholer in Raleigh, dass ich später ankommen würde. Pünktlich fünf Minuten vor *Boarding* erschien ich am Gate C26. Zwei Minuten nach meiner Ankunft wurde per Lautsprecher mitgeteilt, dass sich das *Boarding* an Gate C26 um 30 Minuten verschieben würde, da ein Rad am Flugzeug ausgewechselt werden musste. Ich setzte mich also hin und zog meine Zeitschrift aus dem Rucksack. 30 Minuten später kam die nächste Durchsage. Leider verzögert sich das Boarding erneut, da die Mechaniker noch nicht erschienen sind. Weitere 30 Minuten später konnte das Boarding beginnen, nur um im Flieger zu erfahren, dass ein weiteres Rad gewechselt werden muss. Wir hoben also nach weiteren 30 Minuten Richtung Raleigh ab. Und nach 35 Stunden unterwegs kam ich dann endlich mit 20 Stunden Verspätung am Zielort Raleigh an.

In Raleigh kam ich auch das erste Mal mit der Tradition des *Trick and Treat* an *Helloween* in Berührung. Schon

Wochen vorher wurden die Häuser mit Plastikspinnen, Spinnennetzen, Plastikskeletten, blutüberströmten Masken und Kürbissen geschmückt. Tage vor dem großen Ereignis kaufte meine *roommate* ganze Berge von Süßigkeiten ein. Diese wurden dann in der Nähe der Türe gelagert, um möglichst alles griffbereit zu haben, wenn geklopft oder geklingelt wurde. Je näher Helloween rückte desto gespannter wurde ich, ob wirklich Kinder gekleidet in allerlei Kostüme an die Türe klopften. Und es kam, wie es kommen musste: Als es zum ersten Mal klopfte, war ich alleine im Haus. Ich öffnete die Türe, wahrscheinlich genauso gespannt wie die Kinder vor der Türe. Vor mir standen drei in den buntesten Farben schillernde Prinzessinen und ein Batman, die mich lachend ansahen und ihr Sprüchlein aufsagten. Ich öffnete die Süßigkeitenbox, ihre Augen begannen zu leuchten und jeder durfte sich etwas aussuchen. Sie bedankten sich herzlich und zogen zum nächsten Haus. Ich war um ein Erlebnis reicher. Das war aber noch nicht alles für diesen Abend. Fünf Minuten später bog meine roommate um die Ecke und hatte zwei Kürbisse im Gepäck. Es dauerte nicht lange und weitere Freunde trudelten ein und damit begann das große Helloween-spektakel in unserem Haus. Zwei Freunde waren für das Aushöhlen der Kürbisse zuständig, meine roommate bereitete den Apple Cider Punsch vor und ich walkte den Teig für die Spezialhelloweencookies. Nach dem Aushöhlen der Kürbisse suchten wir uns eine Vorlage aus und begannen diese in die Kürbisse zu schnitzen. Zwischendurch klingelte es immer wieder an der Türe und zu guter Letzt kamen auch noch die Nachbarn, samt Kinder, Opa, Oma und Bruder und versammelten sich in unserer Küche. Mit grossem Rummel wurden die fertigen Kürbisse vor die Türe gestellt, mit Kerzen versehen und angezündet. Die Küche glich am Ende einem Schlachtfeld, aber dafür hatten wir ja unsere Spülmaschine und viel Spaß beim Aufräumen.

Spaß hatte ich auch, als mich meine Freundin in einem Supermarkt auf einen Stand aufmerksam machte, an dem Kostüme für Helloween hingen. Ich drehte mich zu ihr um und meinte: Ja und, das sind Kostüme, gibt es ja auch in Deutschland." Sie meinte: „Schau mal genau hin!" Bei näherem Betrachten der Kleider hätte ich mich fast verschluckt vor Erstaunen. Es handelte sich dabei um Kostüme für Hunde. Diese wurden dann auch kräftig in ihren Kostümchen von ihren Herrchen und Frauchen an Helloween ausgeführt.

Hunde sind mir ganz besonders an Herz gewachsen in Amerika. Allerdings nur, solange ich keine Rollerblades anhatte. Mir ist während der Dauer meines Aufenthaltes kein Hund begegnet, der meinem Fortbewegungsmittel freundlich gesonnen gewesen wäre. Die Besitzer haben sich zwar immer nett und freundlich entschuldigt, aber das hilft auch nichts mehr, wenn der Hund an der Wade hängt. Meistens war ich mit meinen Rollerblades auf Erkundungstour in Raleigh. Ich fuhr gutgelaunt los, fotografierte alles, was ich an neuen, mir unbekannten Sachen sah und kam einmal zu einem Grundstück, das mit einem *invisible fence* umgeben war. Hier muss dazugesagt werden, dass in Raleigh die meisten

Grundstücke keinen Zaun haben. Ich fuhr langsam dran vorbei und machte mir Gedanken, wie ein *invisible fence* funktioniert und für was er gut ist. Während ich mir also Gedanken machte und an dem Grundstück vorbeirollte, hörte ich Hundegebell und dann kam auch schon mit fliegenden Ohren und sichtbaren Zähnen ein Riese von einem Hund um die Ecke. Die Ohren vom Wind an den Körper gedrückt und direkt in meine Richtung. Ich sah den Hund und dachte mir nur, oh mein Gott. Nach sehr kurzem Resumee meiner Situation entschied ich, mich nicht vom Fleck zu bewegen. Denn ein Entkommen wäre bei der Geschwindigkeit, die der Hund an den Tag legte, definitiv nicht möglich gewesen und hätte ihn womöglich noch weiter angestachelt. Und während ich mich also mental auf eine Hundeattacke einstellte, sehe ich, wie der auf mich zustürmende Hund plötzlich die Hinterbeine nach vorne schiebt und auf einen Schlag stehenbleibt. Wir waren nun fünf Meter voneinander entfernt, sahen uns an, der Hund bellte ohne Unterlass und mir wurde auf einen Schlag klar, was ein *invisible fence* ist: Der Hund trägt ein Halsband, welches ihm einen kleinen Schlag verpasst, sollte er die unsichtbare Linie, die um das Grundstück herum gezogen ist, übertreten. Also ich muss sagen, Zäune sind mir lieber.

Eine Begegnung der anderen Art waren in meinen Augen spezielle Ostereiersammeleimer. Schon Wochen vor Ostern waren die Auslagen in den Supermärkten voll mit allen möglichen Sachen für Ostern. Das ist nun – muss ich zugeben - nicht weiter kurios, auch bei uns wird oft schon kurz nach Weihnachten mit Osterartikeln geworben. Was mir aber ein Fragezeichen entlockte, war, dass eine Freundin von mir, deren Tochter einen amerikanischen Kindergarten besuchte, dezent darauf hingewiesen wurde, dass sie doch bitte am Donnerstag vor Ostern einen Ostereiersammeleimer mit in den Kindergarten bringen sollte. Wir gingen also auf die Suche und entdeckten, dass zur Osterzeit spezielle Eimer angeboten werden, einem Sandeimerchen am Strand nicht unähnlich, die nur zum Sammeln von Ostereiern gedacht sind. Die Wichtigkeit dieser Ostereier-sammeleimer wurde uns bei einem *Easter Egg Hunt* vor Augen geführt. Diese „Jagden" werden in vielen Parks rund um Ostern veranstaltet. Sie finden im Wald, aber auch auf vollkommen freien abgemähten Wiesen statt. Freundliche Helferlein legen vor der Jagd die Eier aus und nach einem Startsignal kann der *Run* auf die Eier beginnen. Die Eier bestehen meist aus zwei Plastikhälften, die Schokolade, Bonbons oder andere Köstlichkeiten beinhalten. Oft wird der *Easter Egg Hunt* von Städten oder Stadtteilen für die Bevölkerung veranstaltet und es herrscht freier Eintritt und Volksfeststimmung.

Angenehme Stimmung herrscht auch, wenn *Free Hugs* verteilt werden. Ich zog eines Samstags mit ein paar Freunden um die Häuser. Als wir zum Auto zurückgingen, sahen wir auf der anderen Straßenseite drei junge Leute mit Plakaten in den Händen den Bürgersteig entlanglaufen. Auf den Plakaten stand *Free Hugs*, also Umarmungen, für die nichts zu bezahlen ist, sondern die einfach gegeben werden, weil eine

Umarmung jeder gerne hat und mal braucht, wie mir auf mein Nachfragen mitgeteilt wurde. Und so war es tatsächlich. Viele Leute kamen mit offenen Armen auf die jungen Leute zu und umarmten sie. Ich sah etwas erstaunt drein, aber mir wurde erklärt, dass auf dem Unicampus des öfteren Leute einfach *Free Hugs* verteilen und dass dies auch angenommen wird. Natürlich kamen die drei auch auf unsere Straßenseite und wir erhielten jeder eine herzliche Umarmung. Amüsant daran ist, dass ich einen Tag später von einem Mädchen in einem Club angesprochen wurde. Sie meinte „*Free Hugs?*" und lachte. Ich kuckte verwundert, bis ich sie wiedererkannte. Es war eine derjenigen, die am Vortag die Umarmungen verteilt hatten. Wir haben uns blendend unterhalten.

Blendend war auch das Feuer, das sich mir eines Tag bot. Ich saß gerade an meinem Schreibtisch als Mitarbeiter der Security in das Büro stürzten und uns mitteilten, dass wir das Gebäude umgehen zu verlassen hätten. Und dann drang auch schon Rauch in meine Nase, das Licht flackerte und ging aus. Hinter dem Gebäude hatte sich ein Waldstück entzündet – was bei den Temperaturen und bei der hohen Dichte an Büschen und Bäumen auch kein Wunder war – und hatte bereits auf die erste Stromverteilerstation übergegriffen. Wir zogen also alle Stecker von unseren Computern, griffen unsere Laptops, um im Ernstfall keine wertvollen Daten zu verlieren, und eilten ins Freie. Und da sahen wir auch schon die Rauchsäule aufsteigen. Alle verließen unversehrt das Gebäude. Nach einem Namensabgleich bei der Security begaben wir uns zu den Autos. Das Gebäude erlitt keinen Schaden und so stand einer Rückkehr in die Arbeit am nächsten Tag nichts im Wege.

Hohe Luftfeuchtigkeit...

... was soviel heißt wie Regen. Aber nicht irgendein Regen. Nein, knallharter, massenhafter, trommelnder Dauerregen. Ich habe solch einen Regen durchaus auch schon in Deutschland erlebt, aber dort war er immer nur von kurzer Dauer. Danach hörte es entweder auf oder es regnete nur leicht weiter. In Raleigh aber ist es wörtlich zu nehmen: Der Himmel öffnet seine Schleusen und damit meine ich die Schleusentore zu einem gewaltigen Stausee dahinter und das über Stunden hinweg. Als ich meine *roommate* daraufhin ansprach, meinte diese: Der regenreichste Staat in den USA ist Oregon. Nicht umsonst wird das Basketballteam aus Oregon „Die Ducks" genannt.

Als Autofahrer erlebt man mit dem Regen bisweilen seinen ganz eigenen Actionfilm: Man hat keine zwei Meter Sichtweite. Die tiefen Spurrillen auf den Fahrbahnen verbessern das Fahrgefühl in keiner Weise und die vielen Lichter geben einem den Rest. Da zudem viele Straßen zwei- oder dreispurig sind, findet man sich inmitten von Fahrzeugen, deren Fahrern man nicht wirklich vertraut (da man sich selbst schon nicht so ganz vertraut bei den Wetterverhältnissen!). Alles in allem eine Erfahrung, die Adrenalin in den Körper pumpt und

114

auch an kalten Tagen den Schweiß ausbrechen lässt.

Diese wetterbedingten Situationen sind sicherlich ein Grund dafür, dass erstens in den amerikanischen Nachrichten jede halbe Stunde die Wettervorhersage wiederholt wird und zweitens viele Amerikaner stundenlang über das Wetter sprechen können. Auch könnte diese Situation mitunter ein Grund dafür sein, dass Amerikaner alles aber auch alles mit dem Auto fahren. Der tiefere Sinn dieser Angewohnheit, die meine Freunde und ich belächelten, wurde uns eines Samstags abends überaus deutlich vor Augen geführt. Wir waren in Charlotte und wollten uns ein Hotel etwas außerhalb der Stadt zur Übernachtung suchen. Das erste Hotel, welches wir anfuhren, war voll belegt. Uns wurde mitgeteilt, dass an diesem Wochenende ein *„special event weekend"* stattfindet und somit alles ausgebucht ist. Wir überlegten kurz und beschlossen, da wir Hunger hatten, gleich zum Essen zu gehen und danach weiter zu suchen. Es war zwar November, aber die Sonne schien den ganzen Tag über und auch sonst herrschten angenehme Temperaturen. Daher beschlossen wir, auf der Suche nach etwas Essbarem, einige Restaurants zu Fuß abzuklappern, da sie sich in Laufweite des Hotels befanden. Das Auto ließen wir also auf dem Hotelparkplatz stehen. Kurze Zeit später sassen wir seelig in einem Restaurant und schlemmten und sahen ganz zufällig aus dem Fenster. Draussen herrschte Weltuntergangsstimmung. Es schüttete wie aus Eimern. Wir staunten wieder einmal über die Plötzlichkeit des Wetterumschwungs, die Wassermassen und den undurchsichtigen Vorhang, den Wasser kreieren kann, wenn nur genug davon da ist. Da wir mittlerweile schon Erfahrung mit Regen in North Carolina hatten, hegten wir relativ wenig Hoffnung, dass es bis zum Ende unseres Essens mit dem Wolkenbruch aufhören würde, aber so ganz wollten wir es nicht wahrhaben. Nachdem wir also auch noch einen Nachtisch zu uns genommen hatten und das Wetter trotzdem nicht besser zu werden schien, blieb uns nichts anderes übrig... Das Auto stand auf dem Hotelparkplatz. Das bedeutete 500m zu Fuss zurückzulegen. Natürlich waren wir nach den ersten 50m schon nass bis auf die Haut. Auf dem Restaurantparkplatz wäre das Auto in Laufweite von maximal zehn Metern gewesen. Das nächste Mal sind wir schlauer…

Für den nächsten Tag stand der Besuch eines Festivals auf dem Programm. Karten dafür hatten wir bereits. Uns fiel auf dem Weg dorthin jedoch siedendheiß ein, dass dieses Festival auf einer grünen Wiese aufgebaut ist und als Parkplatz eine daran angrenzende weitere große Wiese genutzt wurde. Der Regen hatte zwar mittlerweile aufgehört, was aber nicht bedeutete, dass die Wasser-massen versickert waren. Wir machten uns trotzdem auf zum Festival. Und hier wurden wir ein weiteres Mal von einer Erleuchtung heimgesucht. Uns wurde schlagartig klar, warum viele Amerikaner, auch wenn sie in der Stadt wohnen und normalerweise auf geteerten Strassen unterwegs sind, einen Pickup besitzen. Die Wiese sah wunderbar aus, sie war nass und braun. Die Pickupfahrer stellten ihre Fahrzeuge ab und verschwendeten keinen

Gedanken, ob sie jemals wieder aus der Wiese herauskommen – ganz im Gegensatz zu uns. Aber wir versuchten gelassen zu reagieren und hofften: Wenn wir stecken bleiben, dann wären um uns herum genug Pickups, die uns wieder herausziehen würden…

Mit der Heftigkeit des Regens wird der Körper also automatisch von einer eigenartigen Spannung erfasst. Diese Spannung kann sich aber durchaus noch steigern - wenn es anfängt zu schneien.

Vereisungsgefahr

Und kaum war es Januar, da war sie auch schon da, die weiße Gefahr von oben. Die gesamte Woche vor dem D-Day gab es immer wieder Warnungen vor Schnee und Eis. Wir Mitarbeiter aus Deutschland, speziell aus dem Süden von Bayern, konnten hierüber nur müde lächeln, vor allem weil es noch nicht mal unter Null Grad hatte. Und eines Tages wachte ich auf und die ganze Welt um mich herum war weiß, bedeckt mit ca. 3mm Schnee. Ich zog also meine Handschuhe und meine Winterjacke an und stapfte nach draußen um mein Auto von den „Schneemassen" zu befreien. Danach machte ich erste Fahrversuche, um zu testen, wie mein Auto, da es sich ja um ein Mietauto handelte, auf die verschneite Strasse reagierte und im Anschluß daran fuhr ich in die Arbeit. Nur um dort zu erfahren, dass die Hälfte der Belegschaft nicht erscheinen würde.

Meine Kollegin, ebenfalls aus Deutschland, fuhr in die

Arbeit, holte ihren Laptop und arbeitete von zu Hause, da der Kindergarten aufgrund der Schneemassen geschlossen hatte. Nun waren wir wirklich verwirrt. Selbst amerikanische Kollegen aus dem Norden der USA machten sich über die Bewohner North Carolinas lustig. Sogar im Radio wurde über die Aktionen in North Carolina diskutiert.

In der Arbeit erhielt ich eine Telefonnummer, die ich in der Früh anzurufen hatte, sollte es wieder schneien. Dabei handelte es sich um eine Notrufnummer, an deren Ende mir eine Stimme mitteilte, ob ich an diesem Tag von zu Hause arbeiten soll oder nicht.

Aber ich dachte mir die ganze Zeit, das kann es nicht gewesen sein, denn die Bewohner North Carolinas haben nicht ohne Grund eine solche Panik vor Schnee. Und ich fand heraus, dass es sich bei der Ursache der Panik nicht um den Schnee, sondern um die Angst vor Blitzeis handelte.

Es kann in North Carolina unglaublich kalt werden und dann ganz schnell wieder warm. Der Boden ist jedoch immer noch kalt, was zur Folge hat: Wenn es regnet, gefriert das Wasser am Boden und es bildet sich in Rekordzeit eine Eisschicht. Dies hatte vor Jahren zu Horrorszenarien auf den Highways, Übernachtungen im Auto oder in Schulen und Kindergärten geführt. Dem wollen die Verantwortlichen nun schon vorher begegnen und lassen Schulen und Kindergärten geschlossen. Auf der anderen Seite ist North Carolina auch nicht auf Schnee eingestellt. Was bedeutet, dass ein ausgeklügeltes Räumsystem schlichtweg nicht existiert, warum auch. Es gibt dazu ja auch keine dauerhafte Notwendigkeit.

Ja und dann musste ich im Januar arbeitstechnisch nach Virginia, mitten hinein in die Blue Ridge Mountains. Den Tag über war das Wetter sehr freundlich, aber als ich die Kongresshalle verließ kam schon ein böiger Wind auf und es war bitterkalt. Dazu nieselte es leicht. Ich war froh, als ich endlich im Auto saß, auf dem Weg in mein Hotelzimmer. Im Laufe dieser zehn Minuten Wegstrecke wurde es immer dunkler und ungemütlicher. Endlich bog ich in die Auffahrt zu meinem Hotel ein und da brach mir auch schon das Heck meines Autos aus. BLITZEIS. Langsam dirigierte ich mein Auto in eine freie Parklücke. Alles, was ich wollte, war nur noch: Raus aus dem Auto und rein ins Warme. Ich öffnete die Autotüre und stellte einen Fuß nach draußen. Griff noch schnell meine Sachen und verlagerte mein Gewicht auf den draußen stehenden Fuß um auszusteigen. Und da begann auch schon die Rutschpartie. Eislaufen ist Kindergarten dagegen. Innerhalb von zehn Minuten hatte sich eine bis zu 3 cm dicke glatte Eisschicht auf der Straße gebildet und ein Vorankommen war nur schwer möglich. Meine 40 Meter in die Hotelhalle schienen endlos. Mir begann langsam zu dämmern, warum die Bewohner North Carolinas solch eine Panik schoben. Denn wenn dies passiert, kann man wirklich nur noch im Auto übernachten. Endlich im Hotelzimmer angekommen, informierte ich mich per TV über die Wetterlage. Später am Abend brachten die News ein update und zeigten Bilder von Virginia. Ich glaubte meinen Augen nicht zu trauen. Die TV-Bilder waren 50 Meter von meiner

Bleibe entfernt aufgenommen worden. Man sah reihenweise Fußgänger ausrutschen und die Autos machten was sie wollten.

Den nächsten Tag verbrachte ich bis kurz vor 11 Uhr auf meinem Zimmer. Über Mittag war - wie ich mir dachte - die beste Zeit, um das Auto zurück nach Raleigh zu bewegen. Insgesamt hatten 300 Schulen in Virginia geschlossen. Der Flughafen war sowieso dicht und auch die öffentlichen Gebäude öffneten mit Verzögerung. Ich wagte also kurz vor Mittag den Versuch und es klappte. Nach 6 Stunden war ich zurück in Raleigh – also nur mit einer Verspätung von ca. zwei Stunden. Und von nun an lachte ich keine Sekunde mehr, wenn wieder einmal eine Warnung vor Schnee und Eis im Radio durchgesagt wurde.

Wedding – Heiraten in Amerika

Ende März, als die Tage wärmer wurden, war dann der große Tag für meine *roommate*: Ich hatte das Glück, oder auch die Last, wie man's nimmt, mit einem Mädchen zusammenzuwohnen, das ihre Hochzeit plante. So kam ich hautnah mit den Höhen und Tiefen der amerikanischen Hochzeitsvorbereitungen in Berührung. Und eine amerikanische Hochzeit ist ein bisschen anders als eine deutsche, wie ich im Laufe der Zeit feststellte.

Je näher der Termin rückte, desto mehr Bücher und Notizzettel lagen auf dem Wohnzimmertisch, dem Küchentisch, hingen am Kühlschrank usw. Meine *roommate* hatte sich einen sogenannten Weddingplaner gekauft und ich erhielt eine kostenlose Lektion in englischer Hochzeitsfachsprache - seitdem kann ich sämtliche Hochzeitssachen auf Englisch benennen. Mir machte dieser Einblick in die Hochzeitsvorbereitungen Spass, ich hatte ja auch keinen Stress damit und konnte mich verziehen, wenn es zu hektisch wurde.

Je näher der Termin rückte, desto mehr Einladungen flatterten in meinen Briefkasten. So wurde ich beispielsweise zu einer *wedding shower* oder einer *engagement party* eingeladen. Das sagte mir nun überhaupt nichts. Ich musste mich erst einmal schlau machen, was das denn alles bedeutete. Denn was ich gelernt hatte in all den Vorbereitungen, war, dass der Dresscode eingehalten werden sollte. Wie einhalten, wenn ich nicht die kleinste Ahnung hatte, was es mit den Einladungen auf sich hatte. Ich fragte also die Person, die das alles „verursacht" hatte, die Braut! Sie erklärte mir: „*Wedding shower* ist eine Party speziell für die Braut. Diese „Party" wird von einer Freundin der Braut ausgerichtet. Das Zusammentreffen findet an einem Nachmittag statt. Nur ein kleiner auserwählter Kreis von Personen ist hierzu eingeladen. Es wird Tee und Gebäck serviert und der Braut werden gute Worte mit auf ihren Weg gegeben. Jeder Geladene gibt sein Geschenk am Eingang ab und trägt sich in die Gästeliste ein. Nach dem kurzen Snack werden von der Braut die Geschenke ausgepackt. Die Bänder, mit denen diese verziert sind, werden gesammelt und auf einer Form arrangiert. Hierfür wird meist ein Pappteller verwendet. Die auf dem Teller arrangierten Bänder symbolisieren den Blumenstrauß, welchen die Braut am Tag vor der eigentlichen Hochzeit trägt, wenn sie mit dem Bräutigam die Hochzeitszeremonie in der Kirche probt. Zusätzlich gibt es eine Person, die jeden Namen und das dazugehörige Geschenk in einem Büchlein notiert.

Exkurs: Das gleiche System gibt es auch für eine *Baby Shower*. Es werden Freunde der werdenden Mama eingeladen. Diese bringen alle Geschenke für die Mama und das Kind mit. Ausgerichtet wird die Party von einer Freundin der werdenden Mutter, die die Organisation inklusive Einladung, Verpflegung und Danksagung übernimmt.

Eine *Engagement Party* wird von Braut und Bräutigam zusammen abgehalten. „Die Anzahl der Gäste ist deutlich höher und auch hier werden üppige Geschenke verteilt." Ich dachte mit Schrecken an meinen Geldbeutel… und fragte dezent nach. Sie meinte, „wenn man allerdings zu beiden Veranstaltungen eingeladen ist, ist es nicht üblich überall Geschenke mitbringen."
Meine Kollegin, die Brautmutter, meinte, „Wir haben uns entschlossen, alle Geladenen zum Essen einzuladen und das sind immerhin 300 Personen." Meine Neugierde auf den Hochzeitstag war logischerweise groß.
Und dann kam der Hochzeitstag. Start war sechs Uhr abends. Die Braut hatte sechs *bridesmaides* und der Bräutigam sechs *groomsmen*. Bis zu zwölf sind möglich, wie mir meine *roommate* erklärte Es gibt natürlich viele

verschiedene Möglichkeiten, die Hochzeit zu gestalten. Hier also die Variante, wie ich sie erlebt habe.

Bridesmaids und *groomsmen* sind meist Geschwister oder enge Freunde der Brautleute. Sie begleiten das zukünftige Ehepaar die gesamte Zeit der Vorbereitungen über und nehmen ihnen viele Arbeiten und organisatorische Details ab. Bei jeder dieser Gruppen gibt es wiederum eine erste Person. Bei den *bridesmaids* ist das die *Made of honor*, bei den *groomsmen* wird dies mit *Best man* umschrieben. Für die jeweiligen Personen, egal ob weiblich oder männlich, ist es eine große Ehre, diese Aufgabe zu übernehmen. Im Vorfeld suchen Braut und Bräutigam die Garderobe für ihre BegleiterInnen aus. Diese wird dann entweder von den *bridesmaids* und *groomsmen* selbst gekauft oder aber die Brautleute lassen sie schneidern und übergeben die Garderobe. Meist erhalten die *bridesmaids* und *groomsmen* eine weitere Kleinigkeit von den Brautleuten. Im Falle meiner *roommate* waren das für jede *bridesmaid* Ohrringe und Kette.

Wenn die Trauung beginnt, führt jeweils ein *groomsmen* eine *braidsmaid* am Arm in den Frontbereich der Kirche. Als letzte betreten *Made of honor* und *Best man* den Frontbereich. Dort warten sie auf die Ankunft der Brautleute. Der *Best man* verantwortet die Ringe, die er dem Bräutigam während der Trauung übergibt. Die *Made of honor* ist für jegliche Belange der Braut zur Stelle.

Nach der Trauung verließen die Brautleute zuerst die Kirche. Es folgten *bridesmaids* und *groomsmen* und in der Folge die restliche Hochzeitsgesellschaft.

Wir begaben uns in einen angrenzenden Raum und begannen mit den Feierlichkeiten.

Dort war das Highlight ein *Chocolatefountain*, oder besser gesagt ein Schokoladenbrunnen, das heißt ein Brunnen aus dem Schokolade fließt. Daneben lagen portionsgerechte Stücke an frischem Obst und Sticks, um die Stücke aufzuspiessen und unter den Schokoladenfluss zu halten. Einfach wunderbar. Außerdem gab es ein Buffet mit allerlei Leckereien – man konnte kleine Snacks und Fleischbällchen aber auch Fisch, Gegrilltes und Käse geniessen. Die Luft war angefüllt mit leiser Musik und den Gesprächen der Gäste.

Um ca. 9pm verließ das frischgebackene Ehepaar die Feierlichkeiten und verschwand in den Urlaub.

Graduation (= Abschlussfeier)

= Ein Wort und viel Gefühl, welches einen in Amerika durch die gesamte erste Phase der menschlichen Entwicklung begleitet – vom Kind bis zum Erwachsenen.

Die erste *Graduation* wird in der *Daycare* gefeiert. *Daycare* ist eine Art Kindergarten, allerdings für Kinder unter fünf Jahren. Danach kommen sie in den Kindergarden. Dieser gleicht der Vorschule in Deutschland.

Auf jeden Fall wird beim Übertritt von der *Daycare* zum *Kindergarden* eine große Feier veranstaltet. Die Kinder erhalten weiße Umhänge und weiße Doktorhüte. Die Hüte sind mit einer Kordel verziert, an der das aktuelle

124

Jahr in goldenen Zahlen hängt. Zuden erhalten die Kinder ein Diplom. Zur Feier in der *Daycare* führen die Kinder Tänze und Spiele auf und sind den ganzen Tag lang die Hauptpersonen.

Weitere *Graduations* erleben amerikanische Schüler nach ihrer Highschoolzeit oder nach einem Universitäts-abschluss. Bei einer dieser *Graduation*-Feiern durfte ich dabei sein: NC State (North Carolina State University) richtete am 12. Mai 2007 seine bisher größte *Graduation*-Feier aus. Über 4.000 Stundenten erhielten an diesem Tag ihren Abschluss - entweder Bachelor, Master oder PhD. Die Feier wurde im RBC Center ausgerichtet, der Indoor Arena von Raleigh. Es ist das Heimatstadion der Carolina Hurricanes (Eishockeymannschaft der NHL (National Hockey League) sowie des North Carolina State University Wolfpack *men's basketball team* of NCAA Division I. Das Stadion, welches früher den Namen *Raleigh Entertainment and Sports Arena* trug, umfasst 19.722 Sitzplätze für Basketball oder 18.730 für Eishockey, inklusive 73 Luxussuiten and 2000 Clubsitzplätze – reserviert für Mitglieder des Clubs. Außerdem hat es drei Wartehallen, in denen sich vor dem Spiel die Besucher tummeln, und beherbergt ein 500-Sitzplätzerestaurant. Es ist die zweitgrößte Arena in der ACC (= *Atlantic Coast Conference* = eine College Athletik Liga) und die zehntgrösste in der NCAA (= *National Collegiate Athletic Association*). Und in dieser Dimesion wurde auch die *Graduation* von NC State gefeiert.

In Scharen strömten die Eltern, Geschwister, Freunde

und weitere geladene Gäste zum Stadion. Der Verkehr wurde – wie üblich zu derartigen Veranstaltungen – von der Polizei geregelt. Schon Tage vor dem Event erhielten alle graduierten Studenten einen Plan, wo sie sich zu sammeln hätten und wo sie in der Arena sitzen würden. Gemäß dieses Lageplans suchten sich die Angehörigen einen Platz in der Nähe ihres Absolventen. Eine Gruppe auf der Bühne stimmte klassische Musik zur Einstimmung an und das war der Auftakt: Die Absolventen begannen einzumarschieren – vorgestellt von einem Sprecher: Der Zuschauer wusste damit, ob es sich bei den Hereinkommenden um Doktoranden, Master oder Bachelor handelte und welchem Institut die Graduierenden angehörten. Alle Absolventen erschienen in schwarzen Umhängen und dazu passenden Hüten.

Diese Bekleidung hatten sie vorher in speziellen Geschäften zu kaufen. Allerdings kann kein anderer als ein Graduierender einen derartigen Umhang mit Hut erstehen. Die Damen und Herren des Geschäfts erhalten im Voraus von den Universitäten Listen, auf denen die zugelassenen Studenten mit ihren jeweiligen Examensergebnissen verzeichnet sind. Dadurch erhalten die Studenten in den Geschäften auch Auskunft über ihren GPA (= *grade point average*), das heißt ihre Endnote. Das amerikanische Notensystem basiert auf *credits* und die höchste und beste Note ist 4.0 - je nach Anzahl der erworbenen *credits* im Laufe der Studienzeit. Es gibt Abstufungen - von 4.0 Richtung Null. Auf dieser Endnote basiert – neben der Gewißheit, dass man sein Diplom erhält, noch ein wichtiges Detail der Bekleidung

- die Farbe der Stola für den Graduiertenumhang: Weiß steht für einen GPA zwischen 3.25 und 3.49, rot für einen GPA zwischen 3.50 und 3.74 und gold für mehr als 3.75 bis 4.0.

Graduation

Studenten, die eine glatte 4.0 als Endnote erzielten, durften gesondert einmarschieren und saßen in vorderster Reihe. Nachdem alle Absolventen ihre Plätze eingenommen hatten, sprach der Dekan der Universität ein Grußwort.

Die Zeremonie begann: Professoren, Doktoranden, Master- und Bachelorstudenten sowie die Zuschauer standen auf und sangen die Nationalhymne. Nachdem alle wieder Platz genommen hatten, wurde mit der Überreichung der Urkunden begonnen. Die Doktoranden erhielten ihr Diplom vom Dekan der Universität im Beisein aller Zuschauer. Ihre Namen wurden aufgerufen und getrennt nach Instituten traten sie nach vorne. Einige Graduierenden wurden dabei sogar noch von ihren Doktorvätern begleitet. Nach den Promovierten wandte sich der Dekan an die Masterstudenten. Sobald ein Institut aufgerufen wurde, erhoben sich die dazugehörigen Studenten von ihren Plätzen. Auch die

Professoren, die für diese Studenten verantwortlich waren, standen auf. Für jeden Universitätsabschluss und wiederum für jedes Instititut gab es spezielle Sprecher, die die Kandidaten gesammelt mit allen Rechten und Pflichten ausstatteten, die mit ihren Diplomen einhergehen. Nachdem allen Teilnehmern das Recht, ihren jeweiligen Abschlusstitel zu tragen, verliehen worden war, wandte sich das Gremium der Universität Ausnahmestudenten zu. Es wurde kurz deren Lebenslauf geschildert und der Zuschauer wurde darüber informiert, wo und in welchem Unternehmen der Kandidat zukünftig tätig sein würde. Es fand darüberhinaus noch die Verleihung der Ehrendoktorwürde an einige Professoren statt. Das letzte Wort der gesamten Veranstaltung hatte allerdings der Studentensprecher. Er hielt eine frische und angenehme Rede, wobei er das Leben mit einem Buch verglich. Er schloss mit den Worten, er sei gespannt, was das nächste Kapitel für ihn bereithalte. Nach der Feier erhoben sich die Zuschauer, trafen sich mit den Graduierten in den Hallen und fuhren zum Essen, denn am Nachmittag gab es in jedem Institut eine private Feier.

Geschwindigkeit ist alles oder *Need for Speed*

In Charlotte sollte am Sonntag vor Memorial Day das längste Nascarrennen des Jahres stattfinden, insgesamt waren 400 Runden zu fahren. Die Stadt rüstete sich schon Wochen im Voraus für dieses Ereignis. Um es gebührend und ausgiebig zu feiern, begannen die offiziellen Festivitäten bereits am Donnerstag vor dem Rennen. Und wir – wir wollten dabei sein!

Und wir hatten Glück und erhielten nach mehreren Telefonaten und über 1000 Ecken erschwingliche Tickets für DAS Rennen. Nascar-Rennen sind meist schon Monate vor dem Event ausverkauft trotz Preisen mit über $100 für einen Sitzplatz. Die Party lief zwar schon ab Donnerstag, da wir allerdings zur arbeitenden Bevölkerung zählten und nicht extra Urlaub nehmen wollten, konnten wir uns erst Samstag auf den Weg nach Charlotte machen. Unterwegs wurde der Verkehr immer dichter und die Autos fuhren eine für Amerika ungewöhnlich hohe Geschwindigkeit. Die Vorfreude aufs Rennen färbte definitiv ab! Am Rande der Highways, die uns nach Charlotte führten, standen immer wieder Polizeiautos, sogenannte *State Troopers*, jedoch ohne Insassen. Es handelte sich bei diesen am Rand der Straße stehenden Polizeiwägen um *decoys*, übersetzt bedeutet dies mehr oder weniger Falle oder Köder. Wie mir erklärt wurde, hat die Polizei nicht genügend Personen im Einsatz, daher werden Polizeiautos am Rand der Straße abgestellt. Die herannahenden Autofahrer können nicht erkennen, ob sich eine Person im Polizeiwagen befindet oder nicht. Das Ziel ist, den Verkehrsfluss etwas zu verlangsamen. Nur wissen das die Autofahrer und am Ende bringt es nicht recht viel. Wir brausten daher mit einer für Amerika erstaunlichen Geschwindigkeit (> 65MPH = 104km/h) nach Charlotte.

Dort hatten wir uns für den Abend mit Freunden zur *Speed Street* verabredet. Die *Food Lion Speed Street* in Charlotte ist weit über die Grenzen von North Carolina hinaus bekannt. Das Festival verwandelt die Straßen von *Uptown Charlotte* in ein Schaufenster für den Motorsport mit *Non-Stop Entertaining* auf drei Bühnen. Darüber hinaus treten Top Nextel Cup Fahrer auf, schreiben kostenlos Autogramme und unterhalten sich mit den Fans. Es gibt neben der Musik und den Fahrern noch eine große Ansammlung von Autos, Fahrsimulatoren und und und. Auf den Straßen der Stadt quirlte das Leben! So viele Leute auf einem Fleck habe ich noch nie in einer amerikanischen Innenstadt am Abend gesehen. Meist beherbergen die Innenstädte Bürogebäude und sind daher am Wochenende oder abends unter der Woche ziemlich leer. Und nun füllten Menschen jeden Quadratzentimeter dieser *Eight-City-Block-Party* oder wie es die Polizei am nächsten Tag im Internet veröffentlichte *"Speed Street has historically had a good crowd reputation,"* (http://www.wsoctv.com; 27. Mai 2007). Um Mitternacht mussten die Bands aufgrund gesetzlicher Vorgaben ihr Spielen beenden. Das hielt die Menge aber nicht davon ab weiterzufeiern. Die Aktivitäten wurden nur in die umliegenden Bars, Restaurants, Diskotheken usw. verlegt. Auch hier war es brechend voll. Überall war die Vorfreude auf das Rennen und die gute Stimmung zu spüren. Das Rennen sollte am nächsten Tag im Lowe's Motor Speedway stattfinden. Es war das letzte Rennen der Saison und das längste Rennen.

Das Rennen beginnt traditionell in den Abendstunden.

Aber schon Stunden vorher wird mit dem Feiern begonnen, das sogenannte *tail gaiting*. Wir hatten vereinbart, dass wir ausschlafen, um uns für den Abend zu rüsten. Um kurz vor 12 Uhr machten wir uns auf den Weg zum Einkaufen: Ich war überwältigt von den Mengen - Bier in Hektolitern, Eis in Kisten und Wasser in Containern, so kam es mir vor, als ich die Nascarpilger um mich herum betrachtete. Da ich aber mit Amerikanern unterwegs war, boten wir das gleiche Bild. Unser Plan sah vor, nach dem Einkaufen zum Campingplatz zu fahren, der sich rund ums Stadion ausbreitete. Einer meiner Begleiter meinte, wir werden eine Meile in einer Stunde vorankommen, so viel Verkehr wird sein. Er sollte unrecht behalten - wir kamen eine ganze Viertelmeile voran. Die ganze Zeit, während wir warteten, sahen wir ein zunächst einsames Dixiklo links der Fahrbahn stehen, einfach so, mitten im Nichts. Und je länger die Wartezeit wurde, desto genauer sahen wir uns das Dixiklo an und überlegten, ob es denn auch funktionsfähig sei. Und plötzlich kam aus der Autoschlange eine Frau auf das Klo zugelaufen und verschwand. So schnell konnte ich gar nicht schauen, wie weitere Personen aus ihren Autos krabbelten und in Richtung Toilette liefen. So als ob sie nur auf einen Startschuss gewartet hätten!

Das war eine willkommene Unterbrechung der dahinschleichenden Autofahrt. Ausserdem machten wir Bekanntschaft mit den Insassen in den Nachbarautos, mit den Leuten der Feuerwehr, die auf ihren Autos in der Halle sassen, da die Zubringerstrasse total verstopft war,

ratschten und brauchten aufgrund der Hitze schon die
Hälfte der Getränke auf, bevor wir überhaupt am
Campingplatz ankamen. Und dort erblickte ich Villen auf
Rädern: Gigantisch große Wohnmobile beziehungsweise
Wohnwägen. Diese bevölkerten nun einer neben dem
anderen den Campingplatz.

Wohnmobil (*Motorhome*)   Wohnwagen (*Travel Trailer*)

Wir fanden schließlich unsere Gruppe am Ende des
Campingparks unter schattenspendenen Bäumen. Eine
Wohltat. Und hier hieß es dann richtig mit dem Feiern zu
beginnen. Dazu gehört neben dem Relaxen in
Liegestühlen natürlich auch der Aufbau eines
Riesengrills mit phantastisch duftenden Leckereien.
Um etwa fünf Uhr machten wir uns auf den Weg: Shuttle
Busse brachten uns vom Campingplatz direkt zum
Speedway. Dort stiegen wir in ein zugähnliches Gefährt
um und fuhren bis zu dem *Gate*, an dem wir unsere
Tickets abholen mussten. Und da in Amerika alles etwas
andere Dimensionen hat, war das mit dem zu Fuß zum
Gate gehen, ein Wahnsinnsvorschlag, der auch nur von
einem Nichtamerikaner, nämlich von mir kommen konn-

te…
Im Stadion warteten dann etwa 200.000 Leute gespannt auf den Start des Rennens 2007 Coca-Cola 600. Es war unglaublich. Die Luft vibrierte und der Lärm war ohrenbetäubend. Nicht umsonst lugten aus jedem Ohr

Nascar Rennen 2007 Coca-Cola 600

Ohrstöpsel oder die Ohren waren durch Ohrschützer verdeckt. Die meisten dieser Schützer sind mit eingebauten Radios versehen, so können die Zuschauer den Gesprächen zwischen Fahrer und Fahrerlager lauschen. Das Rennen begann, es gab einige kleinere Unfälle, aber im Großen und Ganzen verlief alles glimpflich.
Insgesamt dauerte das gesamte Spektakel knappe fünf Stunden. Die Zuschauer feuerten ihre Autos an, unterhielten sich - soweit wie möglich - und hatten Spaß.

Mir wurde vorher geraten, mir ein Auto auszusuchen und dann dieses Auto zu beobachten, denn sonst wäre es langweilig. Ich meinte auf Kommando: Die 17. Bis dato hatte ich keinerlei Kontakt mit der Nascarszene. Mein Gegenüber nickte anerkennend und antwortete: „Ja, das ist ein Spitzenfahrer. Der fährt ganze vorne mit. Hast Dir einen guten Mann ausgesucht!" Die Nummer 17 war tatsächlich lange Zeit erster oder fuhr unter den ersten sechs mit. Leider landete das Auto am Ende aber auf Platz 12. Was bei 400 Runden noch ein sehr guter Platz ist, weil es immerhin ins Ziel kam.

Wir kehrten nach der letzten Runde auf den Campingplatz zurück, wo der Grill ein weiteres Mal angeworfen wurde. Der Duft der anderen Feuerstellen wehte herüber, die Musik ebenfalls. Früh am Morgen ging es dann zurück und wir erholten uns etwas vom Feiern, da wir am Nachmittag auf eine Geburtstagsparty am Lake Wylie eingeladen waren. Lake Wylie ist einer von elf Seen am Catawba River und der zweitälteste See in der Catawba River Seenkette. Der See liegt sowohl in North Carolina als auch in South Carolina und sein Ufer macht ihn zu einem Erholungsgebiet für die Bewohner der nahen Städte, unter anderem auch für Charlotte. Schauplatz für uns war ein Haus an diesem See. So wurde es uns gesagt. Das Haus entpuppte sich als Villa, mit Privatanleger, 3 Booten und einem Jetski, der natürlich ausgefahren wurde. So liess es sich leben.

Mit einem der Boote düsten wir in *full speed* über den See und gingen schließlich mitten in diesem See vor Anker. Dort befindet sich nämlich wider Erwarten eine

Stelle, deren Tiefe nur ungefähr eineinhalb Meter beträgt. Kein Wunder, dass sich alle Leute, die ein Boot besitzen, dorthin begeben. Es ist ein Volleyballnetz aufgespannt und die Leute stehen im Wasser, liegen auf ihren Booten, haben Getränke in der Hand und werden zum Jetskifahren abgeholt. Es ist schon ein angenehmes Gefühl, sich auf dem Boot in der Hitze den Wind um die Nase wehen zu lassen. Nach einer Abkühlung ging es mit Tempo wieder zurück zum Anleger und das Geburtstagskind erhielt seine Geschenke.

Um kurz nach 8 Uhr machten wir uns dann auf den Weg zurück nach Raleigh. Diesmal fuhren wir ein gemütliches Tempo und ließen die Tage ausklingen.

4. July - Independence Day

Was wäre ein Jahr in Amerika ohne die Feiern zum *Fourth of July*. Der *Fourth of July* oder *Independence Day* (= Unabhängigkeitstag) genannt, wird jedes Jahr in den USA mit Feuerwerk, Familienfest, Barbecue, Picknick, Baseballgames und vielen anderen öffentlichen, historischen, politischen und privaten Festen gefeiert. Hintergrund: Am 4. Juli 1776 erklärten die dreizehn britischen Kolonien in Nordamerika ihre Loslösung von Großbritannien und ihr Recht, einen eigenen souveränen Staatenbund zu bilden. Die erste deutsche Übersetzung der Unabhängigkeitserklärung gab es schon zwei Tage später, am 6.-8. Juli 1776 auf einer Breitseite abgedruckt von Steiner & Cist.

Schon Wochen vor den grossen Feierlichkeiten sind die Supermärkte voll mit Amerikafahnen und allem, was man in weiß-blau-rot darstellen kann – also fast alles. Die Gärten sind dekoriert, die Menschen staffieren sich aus, selbst auf Autos sind Hinweise auf den 4. Juli zu finden.

Der 4. Juli ist für die Amerikaner ein magisches Datum. So sind zufällig zwei der Gründungsväter der United States, die zum einen die beiden einzigen Personen sind, die die *Declaration of Independece* unterschrieben haben und zum anderen das Präsidentenamt innehatten, am selben Tag gestorben: den 4. Juli 1826, den fünfzigsten Jahrestag der Unabhängigkeitserklärung.

Die Unabhängigkeitserklärung wurde in Philadelphia - von den Einheimischen liebevoll Philly genannt – verfasst. Der 4. Juli wird als der erste Tag geehrt, an dem die Einwohner Philadelphias konkrete Neuigkeiten in Bezug auf die Unabhängigkeit hörten. Zuvor gab es zwar immer wieder Gerüchte, allerdings fanden alle Abstimmungen und Besprechungen geheim und unter Ausschluss der Öffentlichkeit statt. Während meines Besuches in Philadelphia besuchte ich unter anderem die *Liberty Bell*. Diese Amerikanische Glocke gilt als eines der bekanntesten Symbole von Unabhängigkeit und Freiheit. Und ihr bekanntestes Erklingen war der 8. Juli 1776 – an diesem Datum wurde das erste Mal die Unabhängigkeitserklärung öffentlich verlesen. Die Glocke erklang zwar schon vorher, aber mit der *Declaration of Independence* errang sie ihren Ruhm. Die Inschrift auf der Glocke lautet folgendermaßen:

"Proclaim liberty throughout all the land unto all the in-

habitants thereof - Lev. XXV, v. x. By order of the Assembly of the Province of Pensylvania [sic] for the State House in Philada."

Ich erfuhr auf meiner Tour durch das Museum auch, dass die Glocke seit ihrer Herstellung unterschiedliche Bedeutung für unterschiedliche Personen transportierte. So wurde sie beispielsweise von der American Anti-Slavery Society als ein Symbol für die Abschaffung der Sklaverei eingesetzt. Zu Beginn des späten 18. Jahrhunderts reiste die Glocke dann durch das Land zu Ausstellungen und *Fairs*, um die vom Bürgerkrieg gebeutelten Einwohner an ihre erste Tage zu erinnern, in denen zusammen für Unabhängigkeit gekämpft haben. Ein kleiner Riss begann 1846 allerdings den Glockenklang zu beeinflussen. Die Glocke wurde repariert und ertönte vollklingend zu George Washingtons Geburtstag. Aber der Riss trat erneut auf und seitdem konnte ihr kein Ton mehr entlockt werden. Niemand kann sich allerdings erklären, warum die Risse auftraten, wurde die Glocke doch von den besten Glockengießern der damaligen Zeit hergestellt: Sie besteht aus 70% Kupfer, 25% Zinn und kleinen Mengen an Blei, Zink, Arsen, Gold und Silber. Ihr Gewicht wird auf etwa 2000 Pfund beziffert. Im Jahr 1915 ging die Glocke dann auf ihre letzte Reise – nach Philadelphia, wo ich sie während meines Besuches bestaunen konnte.

Den Tag des 4. Juli wollte ich mit Freunden in Washington D. C. verbringen. Wir beratschlagten, welcher Weg der Beste in die Innenstadt sei, da wir annahmen, dass es aus Anlass der Feierlichkeiten zu grossen Staus

4. Juli in Washington D.C.

kommen würde. Nach langem Überlegen beschloßen wir, trotzdem mit dem Auto zu fahren, denn nach dem Feuerwerk sollte es so schnell wie möglich auf den Heimweg nach Raleigh gehen. Früh brachen wir also auf und suchten unseren Weg zu einem Parkhaus in der Stadtmitte. Erfreulicherweise lief es besser als gedacht. An der Einfahrt zum Parkhaus warteten noch die notwendigen Kontrollen auf uns, wie Untersuchung unserer Pässe, Untersuchung des Kofferrauminhaltes, Untersuchung des Unterbodens des Autos usw.. Aber danach konnte es losgehen, dachten wir. Allerdings wurden wir erneut angehalten - eine weitere Untersuchung wurde angeordnet. Diesmal mit uns selbst als Untersuchungsgegenstand - also körperliches Abtasten sowie Handgepäck. Aber dann - unser erster Anlaufpunkt war die große Parade zu Ehren des Unabhängigkeitstages. Danach ging es zum Weißen Haus, zum Kongress und zur National Mall. In dieser Mall sind eine Unmenge an Museen zu finden, so zum Beispiel das *National Museum of Air and Space*, das *National Museum of the American Indian* oder das *National Museum of Natural History* und viele mehr. Der Eintritt in die *Smithsonian Museen* ist frei und das

138

Erlebnis ist gigantisch - auch wenn es draußen nicht stürmt und regnet.

Aufgrund einer Tornadowarnung war nämlich die Wiese, die sich am westlichen Ende der National Mall befindet, und auf der das Washington Denkmal steht, evakuiert worden. Und die Besucher, die sich schon die besten Plätze für das Feuerwerk am Abend reserviert hatten, suchten nun Zuflucht in den Räumen der Museen. Diese ließen ihre Türen geöffnet, obwohl sie eigentlich längst geschlossen hätten. So begannen die Feierlichkeiten zum 4. Juli inmitten der Exponante in den Museen. Die Leute hatten ihre Campingstühle, Picknickkörbe, Decken und Schirme mitgebracht und machten es sich in den Gängen der Museen bequem, während draußen nahezu die Welt unterging. Das konnte durch eine große Kuppel mit Glasdach verfolgt werden. Nach ungefähr zweieinhalb Stunden wurde die Tornadowarnung aufgehoben und alles begab sich wieder ins Freie, entweder zum *Capitol*, wo ein öffentliches Konzert stattfand, oder eben zu besagtem *Washington Monument*. Dieses ist alljährlich zum 4. Juli der Schauplatz eines wunderbaren Feuerwerks. Das Washington Denkmal wurde zu Ehren George Washingtons aufgestellt, der den Beinamen „*Father of the Country*" trägt. Es ist ein weißer Obelisk aus Marmor, Granit und Sandstein mit einer Höhe von 169.29 m. Natürlich machten auch wir uns auf den Weg zum Denkmal. Das Feuerwerk wollten wir uns auf keinen Fall entgehen lassen. Und nachdem der letzte Ton des Konzerts auf dem *Capitol* verklungen war, begann das Spektakel. Das Feuerwerk war beeindruckend und dauerte gut und gerne eine halbe Stunde.

Kurz nach 10.30pm starteten wir in Washington D.C. unseren Heimweg Richtung Raleigh, wo wir morgens um halb drei ankamen und ich in meinem neuen Appartment in mein Bett fiel.

Öfter mal 'ne neue Wohnung

Nachdem ich meinen Arbeitsvertrag um weitere sechs Monate verlängert hatte, war es für mich unvermeidlich gewesen, mir eine neue Bleibe zu suchen. Unvermeidlich deshalb, weil meine bisherige *Landlady* geheiratet hatte und der Mietvertrag für das Haus, in dem ich ein Dach über dem Kopf gefunden hatte, bereits gekündigt war. Sie zog mit ihrem Mann in ihr eigenes Häuschen.

Mir grauste es schon bei der Vorstellung, Möbel zu transportieren, Koffer zu packen und das gesamte Prozedere der UMMELDUNG durchzuführen.

Zudem präsentierte sich mir folgende Situation: Vor Ende des Monats März musste ich aus dem Haus raus, aber genau zu diesem Zeitpunkt war meine Anwesenheit in Deutschland zur Visumsverlängerung notwendig. Nach meiner Rückkehr nach Raleigh 14 Tage später hatte ich also keine Bleibe mehr.

Ich machte mich folglich sofort auf die Suche nach einer Wohnung und wurde fündig. Die Wohnung war nett und gemütlich, daher wurde der Vertrag unterzeichnet und ich dachte, das ist es. Einzug war so gut wie organisiert. Eines Nachts kam ich zufällig an meiner neuen Bleibe vorbei und wollte gleich eine Kiste aus dem Auto ins Haus schaffen. Und da hörte ich es: Die Klimaanlagen oder A/Cs. Direkt unter meinem Schlafzimmerfenster. Darauf hatte ich natürlich überhaupt nicht geachtet. Wer denkt auch an Monsterklimaanlagen unter Sträuchern verborgen wenn er aus Deutschland kommt. Der Lärm machte mich wahnsinnig. An Ruhe war nicht zu denken. An Schlaf erst recht nicht.

Also versuchte ich aus meinem Vertrag irgendwie herauszukommen. Die einzigen Möglichkeiten, welche sich mir boten, waren entweder *sublease*, das bedeutet übersetzt einen neuen Mieter zu finden und zusätzlich Umschreibungskosten zu zahlen <u>ohne</u> die Kaution wieder zu erhalten oder drei volle Monatsmieten zu bezahlen. Ersteres war in der kurzen Zeit nicht möglich, zweites war nicht denkbar. Aber ich brauchte definitiv eine Bleibe, in der neuen Wohnung konnte ich auf Dauer nicht wohnen.

Gott sei Dank hatte ich gute Freunde. Einer davon – selbst im Immobiliengeschäft tätig, versuchte der Geschäftsführerin des Appartmentkomplexes eine lukrative Zusammenarbeit anzubieten und mich im Gegenzug damit aus dem Vertrag zu lassen. Das scheiterte aber. Sie wollten das Geld. Dann war guter Rat teuer, bis mir das Glück zur Seite sprang. Einer meiner Freunde hatte gerade für die nächsten drei Monate Besucher und diese hätten sonst im Hotel wohnen müssen. Daher war es eine glückliche Fügung des Schicksals, dass diese in die Wohnung zogen. Sie hatten keinerlei Probleme mit den A/Cs, kamen sie doch aus Amerika und waren diese Geräusche gewohnt.

Ich aber stand wieder da ohne Bleibe, aber um viel Wissen reicher. Und daher beschloss ich erst nach meiner Rückkehr aus Deutschland systematisch mit meiner Suche zu beginnen. Ich konzentrierte mich also auf die Organisation meiner vorliegenden Situation – von der Unterbringung meiner Möbel bei dem Vater des nun Ehemanns meiner *Landlady*, über die Unterbringung meines eigenen Hab und Gutes verpackt in Kisten bei einer Freundin, bis zur Unterbringung von mir selbst und meiner Kleidung bei einem guten Freund.

Ich sammelte nebenbei massenhaft gute Ratschläge, was ich bei meiner Wohnungssuche beachten sollte. Das Beste allerdings war, ich erhielt ein *Apartmentbook*. Und das ist absolut empfehlenswert! Darin sind alle Appartmentkomplexe der ganzen Stadt verzeichnet und es ist möglich, nach bestimmten Schlagwörtern zu suchen. So war es mir wichtig, Wäschewasch-möglichkeiten auf dem Komplexgelände zu haben, es sollte ruhig (!) sein und da es im Sommer in Raleigh unglaublich heiss werden konnte, war ein Pool ebenfalls unverzichtbar. Dann untersuchte ich alle in Frage kommenden Appartmentkomplexe im Internet auf ihre Ratings. Das bedeutet: Ich las im Internet die Kommentare der Leute durch, die bereits in dem von mir als möglichen ausgesuchten Appartmentkomplex wohnen oder wohnten. Das ist sehr wichtig in Amerika, da die Wohngegenden immer nach *good* oder *bad neighbour-hood* unterteilt werden. Und wer einmal eine *bad neighbourhood* mit verfallenen Häusern und nicht sehr vertrauenserweckenden Bewohnern gesehen hat, weiß wie wichtig eine gute Nachbarschaft ist. Im Endeffekt blieben sechs mögliche Wohnstätten übrig. Diese wurden von mir angerufen und ich vereinbarte Termine. Und dann - wurde einem Komplex nach dem anderen ein Besuch abgestattet. Alle Vermieter waren supernett und freundlich, klar – sie wollten mir ja ihre freien Wohnungen vermieten. Ich aber war nicht mehr so gutgläubig wie noch zwei Wochen vorher, stellte meine Fragen und siebte gnadenlos aus. Und ich fand sie trotzdem – meine schöne neue Wohnung – ganz oben – 3. Stock. Leise und mit Blick auf Swimming-Pool und See. Traumhaft.

Nun wartete ich auf den Creditcheck. Es ist usus für die Betreiber eines Appartmentkomplexes vor dem Vermieten einen sogenannten *Criminal* und *Creditcheck* des zukünftigen Mieters durchzuführen. Was den *Criminalcheck* betraf, so wusste ich, dass ich nichts zu befürchten hatte. Anders war es beim *Creditcheck*: Die Amerikaner haben ein System, in dem sich jeder ein sogenanntes Polster an gutem Leumund aufbauen kann/muss. Je mehr Forderungen eine Person pünktlich bezahlt, desto besser ist ihre Creditposition. Nachdem ich aber erst sechs Monate in den USA verbracht hatte und keinerlei Zahlungen außerhalb meiner Miete an meine *Landlady* in diesem Zeitraum zu begleichen hatte, war das mit dem Leumundaufbauen für mich nicht wirklich erfolgreich. Wenn kein *Credit* vorhanden ist, wird meist die gleiche Mietsumme als Einlage an den Appartmentkomplex berechnet. Und das kann gewaltig ins Geld gehen.

Diesmal war das Glück allerdings auf meiner Seite. Ich hatte nur meinen Lohnnachweis vorzulegen und die Firma anzugeben, bei der ich beschäftigt war und das *Deposit* (= Kaution) belief sich auf erträgliche $200.

Nach der Mietvertragsunterzeichnung erhielt ich eine Einweisung in alle noch zu erledigenden Sachen. So musste ich sowohl das Wasserwerk anrufen als auch das Elektrizitätswerk und die Anschlüsse auf meinen Namen ummelden. Hier wurden auch noch einmal Gebühren als Deposit in Höhe von $200 fällig. Und danach ging es ans Einsammeln meiner gesamten Habseligkeiten. Auch das war schnell erledigt.

So und nun musste das Unvermeidliche erledigt werden - das Ummelden meiner eigenen Person und alles was damit zusammenhängt. Von Deutschland her wusste ich, dass beispielsweise für Ausländer eine polizeiliche Meldung verlangt wird, sollten sie ihren Wohnsitz wechseln. Und in die Kategorie Ausländer fiel ich in Amerika ja eindeutig.

Und da überraschten mich die Amerikaner wirklich. Ich stellte nur einen Nachsendeantrag bei der Post, änderte meine Adresse bei meiner Bank sowie meiner Versicherung und informierte meinen Arbeitgeber. DAS WARS!

FFF – Formulare, Finanzen und Forderungen

Bevor es mir erlaubt war in den USA zu arbeiten und zu

leben hatte ich ein Visum zu beantragen. Ich erhielt neben dem Visum in meinem Pass eine sogenannte DS 2019 Form. Was auch immer ich danach in Amerika beantragte, dieses Formular hatte ich vorzuzeigen. So war es beispielsweise Pflicht, den Pass sowie das DS 2019 Dokument 10 Tage nach Einreise im *Social Security Office* vorzuzeigen und sich um eine Sozialversicherungsnummer zu bewerben.

Ich begab mich daher eines Morgens in das Sozialversicherungsamt, zog eine Nummer und setzte mich geduldig in den Wartebereich. Nach einer Stunde wurde ich aufgerufen, ging zum Schalter und händigte alle Papiere aus - unter anderem auch die DS 2019 Form. Die Dame hinter dem Tresen lächelte mich an, stellte mir eine Unmenge an Fragen und meinte dann: „Auf diesem Dokument fehlt ein Stempel." Ich schaute sie etwas zweifelnd an und meinte: „Ich habe dieses Papier, so wie es vor Ihnen liegt, von der amerikanischen Botschaft in Deutschland erhalten." Die Dame lächelte mich an und meinte: „Es fehlt ein Stempel." Ich: „Es tut mir leid, dies ist ein offizielles Dokument ihrer amerikanischen Botschaft in Deutschland. Ich bin hier um die geforderte *Social Security Number* zu beantragen." Ich erhielt wiederum die Antwort: „Es fehlt ein Stempel. Ich muss das ganze an die *Homeland Security* weiterleiten. Diese geben mir dann Bescheid, ob Sie legal hier sind." Nun war mir schlecht. Die Dame meinte, als sie meinen Gesichtsausdruck sah, „Wir geben ihnen innerhalb einer Woche Bescheid." Ich dachte mir: „Super. Das wird eine tolle Woche."

Ich erhielt tatsächlich innerhalb von fünf Tagen einen Bescheid per Post - nämlich dass ich in einem weiteren Brief die gewünschte SSN-Karte erhalten würde und dass alles seine Richtigkeit hätte. Ich war froh und auch mein zuständiger Personalreferent in meiner Arbeitsstelle.

In den ersten zwei Wochen eröffnete ich ebenfalls ein Bankkonto. Um alles in einem Atemzug zu erledigen, ließ ich mich auch gleich für online-banking frei schalten. Und wie ich es von zu Hause gewohnt war, wollte ich natürlich über dieses Konto auch Überweisungen tätigen.

Aber irgendwie fand ich keinen Hinweis auf Überweisungen auf der Homepage. So fragte ich eines Samstagmorgens in der Bank nach, wie ich denn Überweisungen tätigen könnte. Ich erhielt zur Antwort, dass an Samstagen grundsätzlich keine *wires* (= Überweisungen) entgegengenommen würden. Ich wollte wissen, ob sie einen Auftrag entgegennehmen könnten, um ihn am Montag loszuschicken. Die Dame erklärte mir, dass sie keine Informationen aufbewahren dürften und ich für eine Überweisung an einem Wochentag zwischen 9.00 morgens und 5 Uhr abends persönlich in der Bank zu erscheinen hätte. Das gestaltet sich in Amerika mit sehr langen Anfahrtswegen als sehr kompliziert. Ich startete einen letzten Versuch und wollte wissen, ob Überweisungen online möglich sind. Online ist so was definitiv nicht möglich, erhielt ich zur Antwort. Und ausserdem muss ich mir bewusst sein, meinte die Bankangestellte, dass ich bei einer Überweisung an eine andere Bank als meine eigene, $ 35 zahlen müsste. Ich konnte es nicht glauben: Die Amerikaner, welche selbst geringe Beträge wie $ 0,40 für eine Zeitung mit Karte bezahlen, befanden sich im Hinblick auf Überweisungen jenseits meiner Vorstellungskraft.

Diese Vorstellungskraft wurde auch arg strapaziert, als ich auf der Suche nach einem *Office* war, in dem ich meine Elektrizitätsrechnung bezahlen konnte. Bei meinem Anruf im Elektrizitätsunternehmen wurde mir eine Adresse übermittelt und vor dieser stand ich nun: Eine Tankstelle. Ich dachte mir, ok, die Adresse ist korrekt, vielleicht habe ich etwas übersehen. Ich stieg also aus meinem Auto und betrat die Tankstelle. Dort fragte ich die Kassiererin und diese meinte: Ja klar, kommen sie bitte auf die andere Seite. Dort war eine weitere Kasse. Ich gab ihr meinen Scheck, sie buchte das Geld von meinem Konto ab, ich erhielt den Scheck als Beleg mit Datum versehen zurück und meine Stromrechnung war bezahlt.

Doktor

Bei einer Dauer von mehr als einem Jahr Auslandsaufenthalt lässt sich ein Besuch bei einem Doktor häufig nicht bis zur Rückkehr aufschieben. So kam auch ich in den Genuss zweier Arztbesuche…

Mein erstes Aufsuchen eines Arztes hatte leider einen äussert unangehmen Grund: Der Hund meiner Zimmergenossin beherbergte in seinem Fell Flöhe und schleppte diese ins Haus. Leider bemerkte es kein anderer Bewohner außer mir, da nur ich allergisch auf die Bisse reagierte. Ich dafür umso mehr. Mit Hilfe des Doktors wollte ich also erstens meine juckenden Schmerzen loswerden und zweitens wollte ich wissen was man gegen Flöhe unternehmen kann.

Für die Stiche erhielt ich eine Creme, die mich $126 kostete, der Besuch beim Doktor, oder besser gesagt die fünf Minuten waren $153 wert. Im Gegenzug dafür erhielt ich neben der Linderung für meine Stiche auch eine „Waffe" gegen das Getier: Wir hatten die Luft im Haus mit Insektenvernichtungsmittel anzureichern, das Haus zu verriegeln und 24 Stunden zu warten, um alles einzuräuchern. Diese Aktion sollte die lebenden Flöhe erwischen. Zwei Wochen später war die Prozedur erneut fällig, um dann die mittlerweile aus den Eiern geschlüpften Babyflöhe ebenfalls loszuwerden. Das dafür zuständige Bombenspray erhielt ich im Walmart.

Ich kam für die Dauer der Ausräucherung bei einer Freundin unter, und Gott sei Dank waren wir erfolgreich – die Anzahl meiner Neu-Stiche ließ nach. Zu Hochzeiten waren es ungefähr 46. Dies war auch die Erklärung, warum von den Hausverwaltungen in den Appartmentkomplexen regelmässig Insektenbomben auf-gestellt werden. Damit die Bewohner so eine „interessante" Erfahrung erst gar nicht machen müssen.

Mein zweiter Arztbesuch gestaltete sich vollkommen anders. Bevor er aber überhaupt zustande kommen konnte, war ein Kraftakt notwendig. Ich brauchte ganz dringend einen Zahnarzt - mir machte nämlich mein

148

Backenzahn Ärger und eines Tages war es soweit, ich hatte keine andere Wahl. Der Besuch beim Zahnarzt war unvermeidlich. Mit einer Sache hatte ich allerdings nicht gerechnet: Erstens mit der Jahreszeit, denn Zahnärzte in North Carolina befinden sich den Sommer über meist im Urlaub oder arbeiten nur Teilzeit, und der zweite Punkt, ich war ein neuer Patient und noch dazu ein Ausländer mit einer ausländischen Versicherung... Nichts davon ahnend und noch guten Mutes fing ich an, in meinem Büro herumzufragen und die mir zur Verfügung gestellten Zahnarztadressen abzuklappern. Ich erhielt bei meinen Anrufen verschiedene Antworten, die aber immer auf das gleiche Ergebnis hinaus liefen: Kein Termin in absehbarer Zukunft. So war beispielsweise Mitte August der erste freie Termin, meinen pochenden Zahn zu behandeln und damit meine Schmerzen zu beheben. Wir schrieben gerade mal Mitte Juni. Nach einer gewissen Zeit nahmen meine Kollegen das Heft in die Hand und begannen mit einer Telefonaktion. Nach weiteren 45 Minuten Dauertelefoniererei von drei Kollegen und Anpreisen und Empfehlung meiner Person und über den grünen Klee loben und Hand für mich ins Feuer legen etc. hatte ich zuguterletzt einen Termin am nächsten Tag. Aber mir wurde wieder mal bewusst, wie kompliziert ganz einfache Sachen im Ausland werden können.

Die Minuteclinic wäre es gewesen! Drogerien wie Wallgreen oder CVS haben meist im hinteren Bereich des Ladens eine Apotheke und eine Minuteclinic. Dies bedeutet, dass ein Allgemeinarzt für Notfälle bereit steht, auch für ausländische Patienten. Es ist definitiv empfehlenswert. Leider konnte ich mit meinem Zahnweh nicht dorthin gehen, weil ich ja keinen Allgemeinarzt brauchte, sondern einen Zahnarzt. Der Zahnarztbesuch allerdings war erste Sahne – sehr empfehlenswert! Über mir an der Decke war ein Flachbildschirm montiert. Hier hätte ich einen Film anschauen können. Kopfhörer waren vorhanden. Das war für mich aber nicht interessant, weil mein Aufenthalt nur eine halbe Stunde dauerte. So wurde ich stattdessen über alles, was an mir und meinen Zähnen gemacht wurde, auf dem Laufenden gehalten. Ich konnte das Ganze zudem auf dem Bildschirm verfolgen. Angenehm war auch das kontinuierliche Nachfragen, wie es mir gehe und ob ich eine Auszeit brauche.

Grundsätzlich kann ein Arztbesuch in den USA ganz schön ins Geld gehen. Denn als Ausländer muss man die Behandlung sofort bezahlen - entweder schon vor der Behandlung oder direkt danach. Insgesamt kostete mich der Zahn $461, was noch vergleichsweise günstig war. Ich hatte Gott sei Dank in Deutschland eine Auslandsversicherung abgeschlossen, die auch einen Zahnarztbesuch miteinschloss.Damit war ein Teil meiner Kosten gedeckt. Auch hatte ich eine Übersetzung der Versicherungspolice ins Englische mit dabei. Damit war jeglicher Irritation, ob ich versichert sei oder nicht, von vornherein vorgebeugt.

Sprache – englisch!

In ganz Amerika wird Englisch oder besser *American*

English gesprochen. So weit, so gut. Das heißt aber noch lange nicht, dass man sich überall auch verständigen kann oder alles in der Form versteht, wie es gemeint ist. Das beginnt schon bei der Begrüßung: Im Norden der USA wird dazu „*Hi*" [Hai] verwendet. In den Südstaaten aber „*Hey*". Letzteres hört sich genauso an, als würde sich jemand in Deutschland lautstark beschweren und eine andere Person, die ihm unbekannt ist, dabei mit „Hey Du" ansprechen. Das ist am Anfang etwas gewöhnungsbedürftig.

Vollends verwirrt war ich eines Tages, als ein kleiner Junge am Swimmingpool meine Nachbarin ansprach und dabei auf deren fünfjährigen Sohn zeigte und meinte: „*Is he already a fourfe* [forfi]*?* " Ich überlegte hin und her was das bitte heißen sollte, bis mein Blick auf den Schwimmbeckenrand fiel. Dort stand 3ft, 4ft und 5ft, was soviel bedeutet wie 3 *feet*, 4 *feet* und 5 *feet* und damit auf das amerikanische Längenmass abzielt. Der kleine Junge wollte nur wissen wie groß der Sohn sei und ob er schon in dem Beckenbereich von 4ft spielen und rumtollen dürfe. Als Daumenregel habe ich mir immer gemerkt: 3ft sind ungefähr ein Meter.

Die Verständigung hat natürlich in allen Lebenslagen ihre Finger im Spiel. So kann auch die Bestellung des Essens aufgrund des unterschiedlichen Sprachgebrauchs manchmal zu Schwierigkeiten führen. Ein *Sub* – also ein Sandwich, belegt mit Ei, Truthahnwurst, Käse, Salat usw. wird beispielsweise in Connecticut „*Grinder*" genannt. In New York „*Hero*" und in Raleigh eben „*Sub*" oder auch „*Hoagie*". Ein *Chicken Salad* ist in Raleigh ein

151

Majonaisesalat mit Hühnchenfleisch und kleingeschnittenen Weintrauben. Ein *Grilled Chicken Salad* ist meist ein Blattsalat mit gegrillten Hühnchenstreifen, allerdings ist das wiederum abhängig von dem Herkunftsort des Restaurantbetreibers. Dies hatte mir denn auch eine interessante Überraschung in einem Restaurant beschert, als ich mich auf meinen gegrillten Hühnchensalat gefreut habe und dann ein kalter Majonaisesalat angerollt kam. Daher ist es empfehlenswert, vor Auswahl des Gerichts nachzufragen, um was es sich denn genau handelt.

North Carolina ist zudem einer jener Staaten, die genau im Schnittpunkt von Südstaaten und Nordstaaten liegen. Es gibt daher in diesem Staat sehr viele Möglichkeiten, sowohl das Englisch der Nordstaatler als auch das der Bewohner der Südstaaten zu geniessen. So saß ich mit meiner Kollegin in der Cafeteria meiner Arbeitsstelle und es setzte sich ein netter Herr zu uns, mit dem wir recht schnell ins Gespräch kamen. Also eher – meine Kollegin kam ins Gespräch und ich versuchte der Konversation zu folgen. Der Herr stammte aus Texas und ich verstand, obwohl ich zu diesem Zeitpunkt schon sehr gut Englisch sprach, nur jedes 10. Wort. Aufgrund der Beobachtung von Mimik und Gestik der beiden, den Antworten und Fragen meiner Kollegin, die ich ja verstand und dem gelegentlichen Verständnis der Worte des Herren konnte ich dem Gespräch dann zwar folgen – ich stellte sogar selbst Fragen und beantwortete welche. Aber es war unglaublich schwierig und anstrengend. Ich fand im Laufe meines Aufenthaltes aber heraus, dass - wenn man sich einmal eingehört hat in die unterschiedliche Aussprache - es kein allzu großes Problem mehr ist, den Ausführungen der Personen zu folgen. Nach einiger Zeit kann man sich sogar einhören und sagen, aus welchem Teil der USA der Sprecher stammt.

Auf der anderen Seite gibt es im Englischen eine ganze Reihe deutscher Wörter. *Kindergarden* ist eines der Bekanntesten für Nichtamerikaner. „*Guglhupf*" ist ein etwas weniger bekanntes.

Als ich eines Sonntags in einem Cafe stand, las ich eben dieses Wort auf einem Schild in der Auslage und dahinter stand in seiner schönsten Form der dazugehörige Kuchen. Ich schaute etwas skeptisch und fragte dann die Bedienung, ob sie tatsächlich das Wort Guglhupf im Englischen gebrauchen oder ob das nur eine Aktion für diesen Kuchen sei, da er gar so exponiert an seinem Platz stünde. Sie meinte: „Nein, nein, das ist die offizielle Bezeichnung für diesen Kuchen, so wie er hier zu sehen ist. Das ist ein allgemein bekanntes Wort im Englischen."

Ein anderes deutsches Wort begegnete mir in folgender Situation: Ich saß in meinem *Cube* in der Arbeit und es überkam mich - ich musste niesen. Meine amerikanische Kollegin meinte: *Gesundheit*. Ich – ganz Macht der Gewohnheit – meinte: Danke. Sie fragte nach einer kurzen Weile, was ich denn eigentlich gesagt hätte. Mir fiel da erst auf, dass ich in Deutsch geantwortet hatte, weil sie in Deutsch Gesundheit gesagt hat. Ich stutzte kurz und dachte mir, woher kennt sie das deutsche Wort und fragt mich dann, was ich geantwortet habe. Das erschien mir etwas suspekt. Ich fragte sie daher, woher sie den deutschen Ausdruck kenne. Sie meinte: „Welchen deutschen Ausdruck?" Ich: „Na ja, Gesundheit." Sie: „Ah, der ist deutsch? Wir verwenden diesen Ausdruck ganz normal im Englischen. Es bedeutet das gleiche wie *Bless you*."

Weniger überrascht, mehr amüsiert war ich eines Abends als ich mit meinen *roommates* die englische Variante von Tabu spielte. Ich beschloss nach einigen Runden als Zuschauer zu fungieren, denn obwohl mein Englisch super war und ich viele Synonyme für die zu beschreibende Sache wusste, handelte es sich dabei meist genau um diejenigen Worte, die auf dem Zettel als „tabu" standen. Ich wollte also meinen Mitspielern nicht mehr Minuspunkte als Pluspunkte bereiten. Meine *roommate* war mal wieder an der Reihe und sie musste „*sausage*" erklären. Und es kamen die witzigsten Aussagen ihrer Mitspieler, unter anderem auch *Bratwurst*. Ich fing zu Lachen an, bis ich mir der Blicke der anderen bewusst wurde und meinte: „Bratwurst?", wobei ich den amerikanischen Akzent zu treffen versuchte. Sie nickten. Ich antwortete darauf: „Das ist ein deutsches Wort für eine bestimmte Art von Wurst." Nun waren sie an der Reihe, verwundert zu blicken.

Poltergeist ist ein weiteres Wort, welches regulär im Englischen benutzt wird. Ich habe es auf dem Umschlag einer DVD gelesen, einer DVD, die amerikanischer nicht hätte sein können. Und als ich das Wort *Doppelgänger* in einem amerikanischen Filmmagazin las, dachte ich erst an einen Scherz oder an einen wie auch immer zustande gekommenen Mischtext. Aber als ich nachforschte, stieß ich tatsächlich auf das Wort *Doppelgänger* im Englischen, inklusive eines korrekt geschriebenen Umlauts.

Es gibt zudem eine ganze Reihe niedlicher Ausdrücke, die ich nie im Unterricht gelernt hatte. Dort lernten wir eher alle Teile der Mondlandefähre (was übersetzt *lunar module* bedeutet), denn wirklich in meinen Augen wichtige Worte. So schmunzelte ich, als ich die Übersetzung von Bauchnabel das erste Mal hörte – und das auch noch aus dem Mund eines vierjährigen Kindes: *Bellybutton*. Ich dachte, das sei nur eine kindliche Umschreibung, bis die dazugehörige Mami meinte: „Nein, nein, das ist der dafür gebräuchliche Ausdruck." Auch bei dem Wort *sausage dog* dachte ich erst, dass mich mein Gegenüber auf den Arm nehmen wolle. Aber er meinte das vollkommen ernst, er sprach von seinem Dackel. Eine andere Bezeichnung für Dackel ist *Wiener Dog*.

Tierische Ausdrücke

Und ich war immer wieder überrascht, wie viele Sprichwörter sprach- oder zumindest sinnübergreifend sind. Hier eine Auswahl derjenigen, die zumindest bei mir ein Aufhorchen und Lächeln hervorgebracht haben.

The fish rots from the head down = Der Fisch stinkt vom Kopf her.

It's a hard work for a poor squirrel = Mühsam ernährt sich das Eichhörnchen.

A wolf in sheep's clothing = Ein Wolf im Schafspelz.

A leopard cannot change its spots = Die Katze lässt das Mausen nicht.

(Well) I'll be a monkey's uncle = im Sinne von „Ich glaub mein Schwein pfeift oder da wird ja der Hund in der Pfanne verrückt."

Shy like a fly on the wall = Scheu wie ein Reh.

The early bird catches the worm = Der frühe Vogel fängt den Wurm.

Every dog has its day = Auch ein blindes Huhn findet mal ein Korn.

To play cat and mouse with someone = Mit jemandem Katz und Maus spielen.

Guests and fishes start to stink after three days = Gäste und Fische beginnen nach drei Tagen zu stinken.

To see how the cat jumps = Wissen, wie der Hase läuft.

Kill two birds with one stone = Zwei Fliegen mit einer Klappe schlagen.

156

To buy a pig in a poke = Die Katze im Sack kaufen.

The last straw that breaks the camel's back = Der Tropfen, der das Fass zum Überlaufen bringt.

To hit the bull's eye = Ins Schwarze treffen.

Frozen like a deer in the headlights = Wie ein Kaninchen vor der Schlange.

Hold your horses = Immer mit der Ruhe!

It's raining cats and dogs: Es regnet in Strömen.

To pull someone's leg = Jemandem einen Bären aufbinden.

Mop 'til you drop = Staubsaugen bis der Hamster bohnert (Überschwänglichkeit).
It's red tape all the way = Der Amtsschimmel wiehert.

There is honor among thieves = Eine Krähe hackt der anderen kein Auge aus.

Rundumschlag

Lebt man längere Zeit im Ausland, passiert es, dass man anfängt, Sachen zu vermissen, die man bisher als selbstverständlich angesehen hat. Manchmal kommen da-

157

bei höchst kuriose Wünsche zum Vorschein.

Weil man aber auch längere Zeit im Ausland lebt, gewöhnt man sich dort an Sachen, die zu Hause nicht gegeben sind. Also wird man wohl wieder Sachen vermissen, wenn man ins Heimatland zurückkehrt.

Und dann gibt es noch die Dinge, die man definitiv nicht vermisst.

Ich startete also eine Umfrage unter den Deutschen in meiner Arbeit. Hier die Antworten:

Was haben wir vermisst:
Döner und/oder Gyros (ja wirklich!), frisches Brot und Brezen, Schokolade, Überweisungen problemlos durchführen zu können, hin und wieder mehr Struktur und Organisation, bummeln in der Altstadt – ins Cafe setzen und das Wetter genießen, Selbständigkeit

Was werden wir nach unserer Rückkehr nach Deutschland vermissen:
Die Selbstverständlichkeit jederzeit in den Pool vorm Haus springen zu können, Kartenzahlung für alles und jedes, Rechtsabbiegen ist jederzeit erlaubt (außer es gibt ein Schild mit *no turn on red*), unglaubliche Benzinpreise, 24/7 (*twenty-four/seven* zum Einkaufen), Freundlichkeit und Service, die College-Footballspiele – allen voran Wolfpack NC State, die Frage „*How are you today?*", shoppen und Preise, *food waste disposer* (ein in die Spüle integrierter Biomüllschlucker), das wunderbar sonnige Wetter!

Was werden wir nicht vermissen
Ausstellen von Schecks, Überweisungen mit unermesslich hohen Gebühren, 4-Seiten-Stop-Kreuzungen, Blinken als reiner Vorschlag, die horrenden Preise für Arztbesuche und Medikamente

Und zu guter Letzt: Wissenswertes

Im Folgenden habe ich einige Informationen zusammengefasst, die mir während meiner Zeit in North Carolina entweder von anderen weitergeleitet wurden, die ich selbst im Internet und diversen Tourist Offices nachgeforscht und erfragt habe oder die ich durch *Try and Error* herausgefunden habe. So sind neben einem Überblick über die meiner Meinung nach besten Festivitäten im Jahr auch eine Sammlung weiterer Lokalitäten in North Carolina und ganz allgemein wertvolle Tipps zu finden. Eine Liste interessanter Bücher, Magazine und hilfreicher Links zu allem Möglichen und Unmöglichem rundet den Überblick ab.

Das ganze Jahr hindurch

Das ganze Jahr hindurch gibt es Feierlichkeiten, Festivals oder auch Festifalls in North Carolina. Hier eine Sammlung an erlebenswerten, liebenswerten, interessanten und spannenden Festen und Ereignissen.

Januar: **Super Bowl** im Football
Super Bowl ist das Finale in der Nationalfootballliga und findet immer Anfang des Jahres statt. Das Spiel und die damit verbundenen Festivitäten begründen den Super Bowl Sonntag, der sich über die Jahre hinweg zu einem inoffiziellen Nationalfeiertag entwickelt hat. Der Super Bowl ist die von den meisten Zuschauern

gesehende Fernsehausstrahlung und somit höchst attraktiv für eine ganze Reihe von Unternehmen – zum Befüllen der Spielunterbrechungen mit den neuesten Werbespots. Diese Werbespots sind danach noch tagelang in aller Munde. Auch ist es Tradition, dass in der Halbzeitpause des Super Bowl bekannte Sänger und Musiker auftreten.

Februar: **Wcqdmp Deer Expo** in Spruce Pine
Das ist ein Event für die ganze Familie - mit Wildlife Displays, mobilem Aquarium, Safari Trailer, Bogenschiessen, Live Auction & und vielem vielem mehr.

März: **St. Patricks Day** am 17.März
Patrick war ein bekannter Missionar in Irland. Im Zuge der Migration in die USA machten sich viele Iren auf den Weg in die neue Welt. Sie brachten ihre Bräuche und Legenden mit, unter anderem auch die Legende von St. Patrick. Der 17. März ist sein Todestag und daher wird dieser Tag in seinem Gedenken mit dem Symbol des *Shamrock* (= Kleeblatt) und der Farbe Grün als Nationalfarbe Irlands gefeiert.

April: **Easter Egg Hunt**
Diese Ostereiersuche findet fast in jeder

Stadt, jedem Vorort, jedem Appartmentkomplex, jedem Park usw. statt.
Gesponsert von Kirchen, Festival-
verantwortlichen, Organisationen etc. Es
ist definitiv ein Spaß! (siehe das Kapitel
„Meine erste Begegnung")

Mai: **Memorial Day**
Dieser Feiertag fällt immer auf den letzten
Montag im Mai. An diesem Tag gedenkt
die Nation der im Dienste des Militärs
gefallenen Frauen und Männer. Für viele
Familien ist es eine Gelegenheit der
Zusammenkunft – es wird zum Beispiel
gepicknickt. Das Datum wird auch gerne
für die Austragung von sportlichen
Wettkämpfen verwendet.
Speed Street in Charlotte
(www.lowesmotorspeedway.com)
Diese findet jedes Jahr vor dem großen
Nascarrennen in Charlotte statt.
Es herrscht *Non-Stop Entertaining* auf drei
Bühnen. Darüber hinaus treten Top Nextel
Cup Fahrer auf, schreiben kostenlos
Autogramme und unterhalten sich mit den
Fans. Es gibt zudem eine unglaubliche
Ansammlung von Autos, Fahr-
simulatoren usw. (siehe das Kapitel
„Geschwindgkeit ist alles oder *Need for
Speed*")

Juni: **American Dance Festival** in Durham
(www.americandancefestival.org)
Premieren, Vorführungen und Führungen
hinter die Kulissen – hier ist alles geboten,
was das musikalische Herz höher schlagen
lässt.

Juli: **Independence Day** am 4. Juli
(siehe das Kapitel „4. Juli - Independence
Day")
Christmas in July in West Jefferson
(www.christmasinjuly.info).
Dieses Festival wurde gegründet in der
Blue Ridge National Heritage Area –
einem Ort in den Bergen im
nordwestlichen Bereich von North
Carolina gelegen. Der Eintritt ist frei. Es
wird für die ganze Familie etwas geboten,
von exzellenter Musik über Kunst-
handwerk aus der Umgebung bis hin zu
fantastischem Essen. Christmas in July ist
eines der besten Sommerfestivals.
Western Film Fest in Charlotte
(www.westernfilmfair.com)
Es mutet schon etwas kurios an, dass im
Osten der USA ein Western Film Festival
stattfindet. Aber das tut dem bunten
Treiben keinen Abbruch und das Motto
des Festivals lautet nichtsdestoweniger

„Unsere Heros waren immer Cowboys und Cowgirls". Auch Raleigh ist in der Western Szene bekannt – durch seinen namhaften Westernstar - Charles Starrett (*28.03.1903 – †22.03.1986)

August:	**International Spy Conference** in Raleigh (www.raleighspyconference.com)

Seit 2003 findet diese Konferenz alljährlich in Raleigh im North Carolina Museum of History statt. Hier geht es um ernste Dinge, aber alles ist gezuckert mit einer Prise Spaß. Außerdem gibt es eine Ausstellung von echten Spionagesachen, die James Bond erblassen lassen würden.

Ducky Derby in Weldon

Es ist das größte Entenrennen in North Carolina und ein Heidenspass!

September:	**Labor Day**, 1. Montag im September

Der Labor Day wurde das erste Mal 1882 von der Central Labor Union ausgerufen – Pate stand der Wunsch, einen freien Tag für die arbeitende Bevölkerung zu erringen. 1894 wurde dieser Tag zum nationalen Feiertag erklärt. Labor Day symbolisiert das Ende des Sommers und wird von vielen Familien als Gelegenheit gesehen, noch einmal zusammen zu kommen, bevor die Kinder wieder in die

Highschools oder Universitäten ent-
schwinden. Labor Day markiert auch den
Tag, an dem die Saison für die National
Football League und die NCAA College
Football startet.

Collegefootball
Saison ist von September bis Januar; Tolle
Stimmung und mitreißende Fans! (siehe
Kapitel „Ein unvergessliches Wochen-
ende")

Oktober: **NC State Fair** in Raleigh
(siehe das Kapitel „Ein unvergessliches
Wochenende")
Helloween am 31. Oktober
(siehe das Kapitel „Meine erste
Begegnung")

November: **Thanksgiving** am 4. Donnerstag im
November und der anschließende
Shopping-Friday, genannt **Black Friday** –
dieser Tag wird als Start des *Christmas
Shopping* gesehen, an dem das *Retail
Business* aus den roten Zahlen in die
schwarzen Zahlen kommt (siehe das
Kapitel „*Thanksgiving* - Ein kulinarisches
Abenteuer").

Dezember: **Ein Besuch beim Weihnachtsmann**. In
fast jeder Mall ist es möglich sein(e)

Kind(er) mit dem Weihnachtsmann fotografieren zu lassen. Auch ohne Kinder ist es ein Erlebnis! (siehe das Kapitel „Meine erste Begegnung")

Weitere sehenswerte Lokalitäten in NC

Definitiv erlebnisreich und einen Besuch wert sind die unten angeführten Lokalitäten. Die nachfolgende Übersicht beinhaltet eine Mischung aus Museen, Gärten/Parks/Seen, Städten und einfach sehenswerten Plätzen, die ich in meiner Zeit in North Carolina zu schätzen gelernt habe, die aber bisher noch keine Erwähnung gefunden haben.

City Market in Raleigh
(http://www.citymarketraleigh.com)
In diesem alten Lagerhausdistrikt mit Straßen aus Kopfsteinpflaster befinden sich Gallerien, Künstlerwerkstätten, eine kleine Brauerei, Restaurants, Cafes und Geschäfte. Jeden ersten Freitag im Monat – genannt *First Friday* - sind die Gallerien und Künstlerwerkstätten von 18 Uhr bis 21 Uhr geöffnet. Die Künstler zeigen ihre Werke, können bei der Arbeit bestaunt werden und stehen interessierten Besuchern Rede und Antwort.

Discovery Place in Charlotte
(www.discoveryplace.org)

Dieses Museum gibt es seit 25 Jahren. Sein Leitspruch ist „*Ignite the wonder in you*". Und das ist genau das, was das Museum macht. Es lässt einen mitmachen, anfassen, erleben und erkunden.

Eno Quarry in der Nähe von Durham
(www.enoriver.org/eno/parks/ERSP/west.html)
Der Eno Quarry ist ein Teil des Eno River State Parks. Quarry ist die Umschreibung für Steinbruch. Von 1960-1964 wurde an der Stelle des Eno Quarry Fels für den Bau der Interstate 85 gebrochen. Auf diese Weise entstand im Laufe der Zeit eine 7-20 Meter tiefe Aushöhlung. Diese füllte sich nach und nach mit Wasser, gespeist sowohl aus dem Eno River als auch aus Quellen. Das Ergebnis ist ein vier *Acres* großer landschaftlich reizvoller See in der Nähe des Eno Rivers. Es ist ein erfrischendes Erlebnis im Eno Quarry zu baden! Allerdings ist es nicht ungefährlich!!!, da es keinerlei seichte Stellen gibt, wie normalerweise an/in einem Badesee. Ein Zugang zum Wasser ist nur an einigen Stellen und dann auch nur durch einen beherzten Sprung ins Wasser möglich. Wer das Wasser verlassen will muss klettern. Sobald man im Wasser ist, beträgt die Tiefe zwischen 7 – 20 Meter. Es ist daher empfehlenswert Luftmatrazen oder ähnliches mitzuführen, da es sehr ermüdend sein kann, ständig hin und her zu schwimmen oder Wasser zu treten, um an der Oberfläche zu bleiben.

Museum for Life and Science in Durham
(www.ncmls.org)

Das Museum für Life and Science zeigt Inhalte zu Aerospace, Wetter und Geologie. Zudem gibt es einen Aussenbereich für North Carolinas Tierwelt. Empfehlenswert sind das *Bayer CropScience Insectarium* und das *Tropical Magic Wings Butterfly House*. In letzterem betritt man eine Welt der Schmetterlinge. Sie setzen sich auf die Hand und lassen sich streicheln. Unvorstellbar, aber wahr. Außerdem kann man Schmetterlingen beim Schlüpfen zusehen.

Tropical Magic Wings Butterfly House

New Bern
(www.newbern.com)
New Bern liegt an der Küste und wurde von William Tryon 1760 zur Hauptstadt von North Carolina erwählt.

1794 ging die Hauptstadtfunktion an Raleigh über. Heute noch zu sehen und zu besuchen ist der Tryon Palace - ein imposanter und sehenswerter Bau.

Tryon Palace in New Bern

New Bern ist des Weiteren der Geburtsort von Pepsi-Cola. Pepsi wurde von dem Apotheker Caleb Bradham erfunden und wird seit 1898 unter dem Namen Pepsi-Cola verkauft.
Warum New Bern außerdem sehenswert ist und einen herausragenden Platz in North Carolina einnimmt, habe ich in einer Broschüre erfahren:
In New Bern gab es unter anderem
*die erste Schule für African Americans in North Carolina

*das erste Postamt von North Carolina
*die erste Druckerei in North Carolina und damit die ersten Bücher und Zeitungen
*die erste Stadt in North Carolina, die ihre Strassen mit farbigen Lichtern während der Weihnachtszeit dekoriert hat
*die erste Feier in North Carolina für den Independence Day

North Carolina Aquarium at Fort Fisher in Wilmington
(www. ncaquariums.com/ff/ ffindex.htm)
Das North Carolina Aquarium at Fort Fisher ist Teil des Zusammenschlusses der North Carolina Aquariums. Weitere Aquarien in North Carolina sind North Carolina Aquarium on Roanoke Island und North Carolina Aquarium at Pine Knoll Shores. Alle Aquarien wurden 1976 eröffnet. Sie arbeiten zusammen mit einer Vielzahl von Organisationen und wissenschaftlichen Fakultäten. Eine Auswahl der wissenschaftlichen Forschungsarbeit sind zum Beispiel *Turtle Trails – Follow the daily routes of sea turtles with satellite transmitters* oder das *Horseshoe crab spawning program.*

Haw River - North Carolina State Park
(www.hawrivertrail.org)
 Es gibt eine große Anzahl von Parks und Trails in und um Raleigh. Hier möchte ich einen vorstellen, den ich zufällig gefunden habe. Dieser war in keinem meiner Reiseführer erwähnt. Er war daher weder überlaufen

noch laut und bot Ruhe, Entspannung und viel Natur. Ich habe ihn gefunden, als ich auf der 15 S/501 S von Chapel Hill Richtung Pittsboro unterwegs war. Kurz vor der Brücke ueber den Haw River gibt es rechter Hand einen Parkplatz. Dort kann man das Auto abstellen und 20m später sprichwörtlich eintauchen in Wald und Fluss.

Haw River

State Farmer's Market in Raleigh
(http://www.ncagr.com/markets/facilit/farmark/raleigh/index.htm)
Der State Farmer's Market in Raleigh ist einer von fünf staatlichen Bauernmärkten in North Carolina. Frauen und Männer in Jeanslatzhosen und hochgerollten Hemdsärmeln bieten hier über 300 verschiedene

172

Gemüsesorten, Früchte und Pflanzen an. Sowohl der Großhändler als auch der Einzelkäufer ist hier zu finden. Bis auf Weihnachten hat der State Farmer's Market jeden Tag geöffnet.

The Sarah P. Duke in Durham
(http://www.hr.duke. edu/dukegardens/)

Besonders sehenswert im Frühjahr. Dieser Park wird oft als „*Crown Jewel of Duke University*" bezeichnet. Er umfasst 55 *acres* im Herzen des Universitätsgeländes und ist berühmt für seine landschaftliche Gestaltung und Gartenbaukunst.

Sarah P. Duke Garden

Wild Possibilities in Asheboro
(www.nczoo.org)
Der Zoo liegt etwa 75 Meilen westlich von Raleigh und gilt als der erste amerikanische Zoo, der nach der „*Natural habitat*" Philosophy gebaut wurde. Dies bedeutet, dass Tiere und Pflanzen in einer Umgebung gezeigt werden, die ihrer natürlichen Umgebung am

ehesten entspricht. Der Zoo ist zudem der grösste *Walk-through Natural-habitat* Zoo der USA. Seine Afrika- und Nordamerika-Teile umfassen mehr als 500 *acres* mit mehr als 5 Meilen an Wanderpfaden. Weitere 900 *acres* stehen für Ausweitungen des Zoos zur Verfügung.

Zoo in Asheboro

TippsHinweiseRatschläge

Und zu guter Letzt noch einige Hinweise, die ich im Laufe meines Aufenthaltes manchmal erst nach starker Beanspruchung meiner Nerven und manchmal auch meines Geldbeutels herausgefunden habe…

174

American Express versus normale Bankkarte

Die amerikanische American Expresskarte (AMEX) wird über einen Telefonanruf aktiviert. Die genaue Vorgehensweise steht in der Gebrauchsanleitung, die der Karte beigelegt ist. Die normale Bankkarte für ein Konto bei einer amerikanischen Bank wird jedoch NICHT mittels Telefonanruf aktiviert, auch wenn dies auf einem Aufkleber steht, der auf der Karte klebt! Die Karte wird ausschließlich durch einen persönlichen Besuch bei einer der ATM Maschinen aktiviert. Die Bankkarte wird dazu in den dazugehörigen Schlitz an der Maschine gesteckt, Geheimzahl eingetippt, welche man sich vorher bei der Kontoeröffnung ausgedacht und angegeben hat, und fertig ist die Aktivierung.

Buchläden

Wie in vielen *Groceriestores* ist es auch möglich in den zahlreichen Buchläden Mitglied zu werden und mit dieser Mitgliedschaft Geld beim Einkauf zu sparen. Hinweise dazu sind bereits in dem Kapitel „Single Packung, Oversize und Fastfood" zu finden.

Kino oder *Movietheater*

In vielen Städten der USA gibt es sogenannte $1,50 Kinos. Sehr angenehme und keineswegs schmuddelige Kinos. Die Idee dahinter: Sobald Filme aus dem Sortiment der „normalen" Kinos genommen werden, können und dürfen sie hier gezeigt werden. Der Preis von $1,50 ist unschlagbar günstig gegenüber dem Kauf einer DVD und darüber hinaus kann man trotz allem die Filme immer noch früher sehen als alle interessierten Kinogänger wohnhaft ausserhalb der USA.

Museum:
Die Amerikaner haben einige sehr sehr gute Museen. Der Eintritt in diese ist allerdings ebenfalls sehr, sehr gut, sprich geldbeutelbelastend.
Eine Möglichkeit gibt es allerdings, diese Kosten niedrig zu halten: Man wird *Member* in einem Museum. Hierbei sollte man jedoch darauf achten, in einem Museum möglichst weit weg von seinem Aufenthaltsort Mitglied zu werden. Denn in Amerika gibt es eine sogenannte *90 mile rule*, das bedeutet, alle Museen und Science Centers im Umkreis von 90 Meilen um das Museum, bei dem die *Membership* besteht sind von der Regelung des kostenlosen Besuches ausgeschlossen. Mit dem Erhalt der Mitgliedskarte wird eine Liste zugestellt, in der alle Museen Amerikas aufgelistet sind, für die der kostenlose Eintritt gilt. Und es lohnt sich!

Telefon:
In den USA zahlt der Telefonierende nicht nur für die Telefonate, die er verursacht, also wenn er bei einer anderen Person anruft, sondern er zahlt auch für diejenigen, bei denen er angerufen wird – und dazu muss er nicht einmal dem Anruf zustimmen. Das ist einfach die gültige gelebte Regel. Es zahlen also beide – Anrufer und Angerufener. Das wird auf der Rechnung mit dem Begriff *Incoming calls* umschrieben. Daher ist auf den genauen *Plan* oder wie es im deutschen heißt

176

Telefonvertrag, zu achten: Wie viele Freiminuten sind gelistet, zu welcher Zeit laufen diese Freiminuten (*Daytime, Nighttime*, W*eekend*) und gelten diese auch für internationale Telefonate.

Sightseeing/Übernachtung

Hier ein Tip, wie ich/wir es auf unseren Ausflügen immer gehalten haben: Wir haben uns eine Stadt oder einen Ort ausgesucht, den wir besuchen wollten und der erste Zielpunkt an diesem Ort war das *Visiter Center*. Dort erfährt mal alles Wichtige zu einem Ort, erhält Kartenmaterial, Tips, *Do's and Don'ts*. Zudem gibt es in diesen *Visitor Centern* kleine Heftchen, in denen Gutscheine für Hotels/Motels und sonstige Übernachtungsmöglichkeiten aufgelistet sind. Zum einen weiß man dadurch, wo man eine Übernachtung findet, zum anderen kann man damit einiges an Geld sparen.

Bücher und Magazine

Folgende Auswahl an <u>Büchern</u> zu North Carolina und Raleigh habe ich im Laufe meines Aufenthaltes beim Stöbern in Buchläden gefunden. Natürlich habe ich sie nicht bis zum letzten Buchstaben gelesen, nichtsdestoweniger haben sie mir die eine oder andere sehr gute Anregung für meine Ausflugsplanung gegeben. Daher möchte ich sie hier als Empfehlungen anführen:

Grizzle, Ralph; Hoffman, James L. 2006: day trips – from raleigh – durham. (englisch)
ISBN 0-7627-3685-2

Hart de, Allen 1997: Trails of the Triangle – Over 200 Hikes in the Raleigh/Durham/Chapel-Hill Area. (englisch)
ISBN 0-89587-160-2

John, Elliston; Kent Priestley 2007: North Carolina Curiosities. (englisch)
ISBN 978-0-7627-4377-7

Setzer, Lynn 2006: North Carolina Weekends. (englisch)
ISBN 978-0-89587-273-9

Turnage, Sheila 2006: North Carolina. (englisch)
ISBN 978-1-4000-1616-7

Die nachstehenden <u>Magazine</u> gaben mir immer wieder interessante und sehenswerte Hinweise auf Veranstaltungen sowie Hintergrundwissen zu North Carolina und Raleigh:

Our State Magazine

City Life, Carolina State – RALEIGH: Official visitors guide to Raleigh, Cary and Wake County (www.visitraleigh.com)

North Carolina: The Official Travel Guide (for each year)

Links

Im Folgenden findet sich eine Auswahl von Links für ein – ganz allgemein – angenehmes Leben in Raleigh, Planen von Wochenendtrips, Informieren über Events, Besuchen von Museen, Gärten usw. Garantiert ist die Übersicht nicht vollständig, das ist auch nicht meine Absicht. Ich gebe hier die Links weiter, die mir hilfreiche Dienste erwiesen haben.

<u>Allgemeine Links</u>
Informationen von Travelers für Travelers
→ *www.sogonow.com/archives/destinations/ us/ north_carolina*
Über diese Webeseite kann man alles Mögliche erhalten, von Fahrrädern über Autos bis zu Wohnungen
→ *www.raleigh.craigslist.org*
Informationen zu allem Möglichen - von Versicherung, über Reisen bis hin zu Jobs in NC
→ www.*aroundnorthcarolina.com*
Wo ist was?
→ *www.local.com*
Routenplaner
→ *www.mapquest.com*
Übersicht über Restaurants, Nightclubs, Neueröffnungen, Photogallerien etc.

→ *www.zspotlight.com*
Übersicht ähnlich zu Zspotlight
→ *www.carolinanightlife.com*
Die offizielle Tourismusseite für den Staat NC
→ *www.visitnc.com*
Übersicht über Events
→ *www.razorgator.com*
Übersicht über Festivals
→ *www.festivalsandevents.com*
Bewertung der Appartmentkomplexe
→ *www.apartmentratings.com*
Handy im Auto
→ *www.cellular-news.com/car_bans*

Links zu Raleigh, NC
Die Stadt Raleigh
→ *www.raleigh-nc.org*
→ *www.visitraleigh.com*
→ *www.virtualraleigh.com*
→ *www.thecityofraleigh.com*
City Market
→ *www.citymarketraleigh.com*
Deutschklub NCSU
→ *www4.ncsu.edu/~nbuch/dk/*
Karte des grünen Gürtels in Raleigh
→ *www.raleighnc.gov/portal/server.pt/*
gateway/PTARGS_0_2_99826_0_0_18/C
apital_Area_Greenway_Map.pdf
State Farmer's Market
→ *www.ncagr.com/markets/facilit/farmark/*

raleigh/index.htm

<u>Links zu weiteren Orten in North Carolina</u>
Chapel Hill
  → *www.ci.chapel-hill.nc.us*
Charlotte
  → *www.visitcharlotte.com*
Durham
  → *www.durham-nc.com*
Eno Quarry in der Nähe von Durham
  → *www.enoriver.org/eno/parks/*
      ERSP/west.html
Haw River - North Carolina State Park
  → *www.hawrivertrail.org*
New Bern
  → *www.newbern.com*
NC Aquarium at Fort Fisher in Wilmington
  → *www.ncaquariums.com/ff/ffindex.htm*
The Sarah P. Duke Gardens in Durham
  → *www.hr.duke.edu/dukegardens*
Outer Banks
  → *www.ocracokevillage.com*
Wilmington
  → *www.dbawilmington.com*
Wright Brothers National Monument
  → *www.nps.gov/wrbr/*
Zoo in Asheboro (Wild Possibilities)
  → *www.nczoo.org*

Links zu konkreten Festivals/Festifalls/Events

American Dance Festival in Durham
→ *www.americandancefestival.org*

Christmas in July in West Jefferson
→ *www.christmasinjuly.info*

Kino für 1,50$
→ *raleigh.mrmovietimes.com/movie-theaters/Carmike-Blue-Ridge-14-Cinema.html*

Nascar Rennen in Charlotte
→ *www.lowesmotorspeedway.com*

North Carolina State Fair
→ *www.ncstatefair.org*

Spy conference
→ *www.raleighspyconference.com*

Western Film Fest in Charlotte
→ *www.westernfilmfair.com*

Wolfpack Tickets (Football)
→ *www.gopack.com/ViewArticle.dbml?DB_OEM_ID=9200&KEY=&ATCLID=535183*

Links zu Museen

Discovery Place in Charlotte
→ *www.discoveryplace.org*

Museum for Life and Science in Durham
→ *www.ncmls.org*

South Carolina

Camden

→ *www.camden-sc.org/camden.php*

Swan Lake

→ *www.sumtersc.gov/VisitingUs/SwanLake.aspx*

Nachwort

Nach mehr als einem Jahr Raleigh, NC, habe ich nun tonnenweise Eindrücke und Informationen zu dieser Stadt und dem Staat North Carolina.

Was ich in dem vorliegenden Buch versucht habe einzufangen, war das, was eben nicht vordergründig ersichtlich ist. Das, was einem aus seiner eigenen Perspektive heraus kurios vorkommt, einen vor ungeahnte Schwierigkeiten stellen kann, das, wozu man als Tourist schwierig die Gelegenheit bekommt, beispielsweise zu dem Besuch eines College-Footballspiels oder einer Militärbasis, oder auch Hinweise auf landschaftliche Ecken, in die ein Tourist normalerweise nicht kommt, weil er einfach nicht die Zeit zum Erkunden hat, die mir gegeben war. Absichtlich habe ich mich jeglicher Anmerkungen in Bezug auf Religion oder Politik enthalten. Dazu bitte ich jeden sich selbst eine eigene Meinung zu bilden.

Neben den ganzen Erlebnissen, wie sie im Buch beschrieben sind, gibt es natürlich noch viele, viele weitere. So besuchte ich außer dem Footballspiel auch Baseball, Basketball, Eishockey, Fussball (*soccer*) und ein Rodeo. Letzteres war definitiv eine Schau!

Auch habe ich Abstecher in andere Gegenden der USA unternommen, darunter waren beispielsweise Chicago, IL, Orlando, FL, New York City, NY, Washington D.C oder New Orleans, LA.

Aber immer wieder war ich froh, vollkommen zufällig in Raleigh, NC gelandet zu sein.

184

Impressum

Umschlagvorderseite: etwas verändertes „Welcome to North Carolina – State Line-Verkehrsschild"
Umschlagrückseite -Reihenfolge ist von oben nach unten
- Ausblick vom Blue Ridge Parkway hinein in die Blue Ridge Mountains
- State Capital in Raleigh
- Outer Banks
- Durham Downtown
- Durham
- Asheville – Colour Change

Ausstattung:
58 Fotos in Farbe
1 Karte der USA (mit freundlicher Genehmigung von Patrick Kelly, www.myonlinemaps.com)
1 Karte North Carolina (mit freundlicher Genehmigung von Patrick Kelly, www.myonlinemaps.com)
1 Stadtplan Raleigh und Umgebung (mit freundlicher Genehmigung von Karen DeSollar, Greater Raleigh Convention and Visitors Bureau)

Text:	Silke Mayer
Fotos:	Silke Mayer
Lektorat:	Ursula Gärditz, Martin Schön u.a.
Gestaltung und Layout:	Silke Mayer

Bibliographische Information der Deutschen Bibliothek

Die Deutsche Bibliothek verzeichnet diese Publikation in der Deutschen Nationalbibliographie;